Dosso Megnan

HISTOIRE DU PROPHÈTE MUHAMMAD (PSL)

D1574730

TOUT SUR LA VIE DE L'ENVOYÉ DE DIEU EXALTÉ, MUHAMMAD UNE MISSION BIEN ACCOMPLIE

Dosso Megnan

HISTOIRE DU PROPHETE MUHAMMAD (PSL)

L'HISTOIRE DU PROPHETE MUHAMMAD(SAW) EN 30 CHAPITRES:

CHAPITRE 1 Ismaël, fils de Ibrahim, Paix sur eux, ascendants de Muhammad, Paix et salue sur lui.

Nous allons commencer la série de l'histoire du meilleur de l'humanité par ses ascendants, plus précisément par le Messager d'Allah et Ami de Dieu, **Ibrahim,** Paix sur lui. Dieu exalté n'avait pas accordé à ce Noble Messager un enfant jusqu'à ce que sa femme **Sarah** soit devenue vieille ne pouvant plus procréer. Ainsi, sa femme **Sarah** lui autorise avec la permission de Dieu exalté d'épouser sa servante **Hadjar**. De leur Union, Allah exalté leur donna un fils **Ismaïl**, Paix sur lui. L'ami d'Allah exalté, **Ibrahim**, Paix sur lui, aimait trop son fils et sa petite famille. Pour l'éprouver, Dieu exalté lui ordonna d'aller laisser sa jeune femme et son fils toujours nourrisson dans un désert où il n'y avait pas de vie. Ce fut difficile, mais le Noble Message   exécuta.

Hadjar et son fils Ismaïl sont restés seuls dans le désert. Le bébé **Ismaïl** pleurait de faim, **Hadjar** escaladait plusieurs fois deux monts Al Safa et Al Marwa qui sont à côté dans le but de trouver une aide. C'est ainsi, Allah exalté lui fit don d'une source d'eau qui   a   apparu   nommée   Zam-   Zam. Des arabes voyageant dans le désert aperçoivent un oiseau qui ne rode que dans des points d'eau alors qu'ils savent qu'il n'existe pas d'eau dans cet endroit. Ils sont venus trouver **Hadjar** et son fils et ont demandé à la maman d'habiter à côté de cette source d'eau. Ainsi, commença une nouvelle ville dans l'endroit. **Ibrahim**, Paix sur lui, n'avait en réalité pas oublié sa petite famille restée dans le désert. Il aimait beaucoup son fils **Ismaïl**, Paix sur lui, qui est devenu jeune enfant. Dieu exalté lui éprouva encore d'une dure épreuve, celle d'aller immoler son fils unique. Au moment de l'immoler, Allah exalté le remplaça par un bélier. Ayant accompli toutes ses épreuves, Dieu exalté lui annonça la bonne nouvelle de la naissance d'un fils **Ishac**, Paix sur lui, et même d'un petit fils **Yacoub**, Paix sur lui, de sa première femme vieille et en ménopause Sarah. **Ismaïl** et sa mère restèrent dans le désert devenu ville. Il devient adulte et épousa une fille des voyageurs arabes qui sont installés

X
_____

DOSSO MEGNAN
AUTEUR

avec eux.   Son père Ibrahim, Paix sur lui, vient lui rendre visite et trouva qu'il était allé en chasse. Il trouva sa femme. Celle-ci se plaignait chaque fois de leur condition de vie et Ibrahim, Paix sur lui, lui laissa un message énigmatique pour son mari lui ordonna de chasser sa femme.

Quand **Ismaïl**, Paix sur lui, est revenu à la maison, sa femme lui expliqua qu'un vieillard était passé et lui a dit de changer le seuil de sa maison. **Ismaïl**, Paix sur lui, lui dit que ce vieillard est son père et il lui a ordonné de la chasser. Il répudia ainsi sa femme et se marie avec une autre femme. Cette dernière est très reconnaissante envers la grâce de Dieu et Ibrahim, Paix sur lui, a ordonné à son fils Ismaïl, Paix sur lui, de bien garder sa femme lors d'un autre passage.

L'ami de Dieu exalté **Ibrahim**, Paix sur lui, vint encore chez son fils **Ismaïl**, Paix sur lui, et lui demanda de l'aider à construire la Kaaba dont la fondation était faite depuis plusieurs années. Ainsi, des gens viennent de partout dans le monde entier pour faire le pèlerinage. Ainsi, Allah exalté a transformé un endroit perdu dans un désert sans eau sans vie en un endroit paisible et qui accueille d'abord des centaines, après des milliers et maintenant des millions de personnes venant du monde entier. Ibrahim, Paix sur lui, ayant accepté et exécuté les épreuves de Dieu exalté, celle d'abandonner sa femme féconde et son unique fils et même d'égorger ce fils unique. Allah exalté lui fit don d'une nombreuse descendance noble comprenant beaucoup de Prophètes et même le Meilleur de l'Humanité, **Muhammad**, Paix et Salue sur lui. **Ismaïl**, Paix sur lui, fut Messager d'Allah, il eut des enfants qui à leur tour ont eu des enfants dans la croyance. De génération en génération, la croyance en Dieu prédominait au sein des descendants d'**Ismaïl** jusqu'à une génération où la mécréance a pris le dessus de la croyance et après la croyance avait presque disparu laissant la mécréance dominer dans cette belle ville de la Mecque jusqu'à la naissance de **Muhammad**, Paix et Salut sur lui, et même jusqu'au début de la révélation. Cette mécréance a disparu avec la conquête de la Mecque.

CHAPITRE 2 : Abdoul Moutalib, grand père de Muhammad, Paix et salue sur lui et Naissance du Prophète, Paix et Salue de Dieu sur lui.

On ne peut pas parler de l'histoire du Prophète **Muhammad**, Paix et salue sur lui, sans parler de son grand père. Il a joué un rôle capital dans sa vie. **Abdoul Moutalib**, de son vrai nom **Shaybat Hamdy** est fils de Hashim et descendant de Ismaïl, Paix sur lui, et est le grand père du Prophète **Muhammad**, Paix et salue sur lui. Son père **Hashim** assurait la prise en charge des pèlerins de la Mecque. Quand **Hashim** décéda, son fils **Shaybat** était encore petit. Son frère **Moutalib** prend le relai de la prise en charge des pèlerins et adopta le jeune **Shaybat**, fils de son frère **Hashim**. C'est cette adoption par son oncle **Moutalib** qui l'a fait surnommer **Abdoul Moutalib** (serviteur de Moutalib) par les gens. **Abdoul Moutalib** prend le relai de la prise en charge des pèlerins de la Mecque après le décès de son oncle. Entre temps, la source d'eau Zam-Zam avait tari il y'a plusieurs générations. **Abdoul Moutalib** a vu dans une vision l'emplacement exact de Zam-Zam, et il creusa le puits qui donne accès à ce Zam-Zam. Jusqu'à présent, ce puits est toujours là et non   tari.

Cinquante ou Cinquante-cinq jours avant la naissance du Prophète,

Paix et salue sur lui, une grande armée composée des éléphants et des hommes bien armés dirigés par un énorme éléphant se dirigea vers la Mecque pour détruire la Kaaba. Les habitants de la Mecque, pris de peur, s'enfuirent pour se cacher sur des collines. Allah exalté envoya des oiseaux qui lançaient des pierres sur l'armée qui fut massacrée et battue. Une puissante armée composée des éléphants et des hommes bien armés fut battue par des oiseaux. Soubhanallah.

Abdoul Moutalib avait 10 fils et 6 filles. Parmi les 10 fils, il y avait **Abou Talib** (père de Ali, que Dieu l'agrée), **Abdoullah** (père du Prophète, Paix et Salut sur lui), **Hamza** (le grand guerrier), **Abou Lahab** (un grand mécréant) et **Abbas** dont ses descendants seront les califes de l'Islam durant plusieurs siècles nommés les Abbassides.

Quand les 10 fils de **Abdoul Moutalib** devinrent adultes, il leur confia un vœu qu'il avait fait en sacrifiant un de ses fils. Le tirage au sort était tombé sur **Abdoullah** qui était le meilleur de ses fils, le plus vertueux et le plus aimable. Les habitants lui demandèrent de changer et après plusieurs discussions, il devait tirer au sort entre **Abdoullah** et 10 chameaux. À chaque fois, le tirage tombe sur **Abdoullah**, il ajouta 10 autres chameaux jusqu'à 100 chameaux où le tirage désigna les chameaux qui furent sacrifiés à la place de **Abdoullah**.

Abdoul Moutalib choisit une femme noble nommée **Amina** pour son fils **Abdoullah**, mais malheureusement le mariage n'a pas duré, car **Abdoullah** décéda peu de temps après. Mais de leur courte union, allait sortir le Meilleur de l'humanité, le sceau des Prophètes, le dernier des prophètes, le sauveur de l'Humanité, le bien aimé de Dieu exalté, le Messager d'Allah, **MUHAMMAD**, Paix et Salut sur lui. SVP, prenez des secondes pour prier au moins 10 fois sur lui avant de continuer la lecture. Ainsi, **Muhammad**, Paix et Salut sur lui, naquit orphelin de père, un **Lundi 9 Rabi Al Awal**(ou 12 de ce mois) correspondant entre 20 et 22 Avril 571 à la Mecque. À sa naissance, une lumière immense est sortie de sa mère. Son grand père le prénomma **Muhammad**, un nom qui n'avait jamais été donné auparavant.

CHAPITRE 3 : Son allaitement et sa jeune enfance.

À l'époque, les arabes des villes confiaient leurs bébés à des nourrices villageoises pour l'allaitement pour leur permettre de grandir dans un environnement sain, d'avoir un corps robuste et un bon   langage.

Halimat Saadia fait partie de ses nourrices villageoises. Elle est sortie avec son mari et son enfant sur une ânesse qui n'était pas en forme. Elle fut devancée par les autres femmes nourrices de son village. Par la notoriété de **Abdoul Moutalib**, toutes les nourrices voulaient son petit-fils **Muhammad**, Paix et Salue sur lui. Mais dès qu'elles se rendent compte qu'il était orphelin, chacune refusa de le prendre en se disant que sa famille n'aura pas les moyens de les payer. Quand **Halimat Saadia** arriva, tous les autres bébés étaient déjà pris. Elle aussi et son mari ne voulaient pas prendre **Muhammad**, Paix et Salue sur lui, car orphelin, mais elle parvint à convaincre son mari de le prendre pour ne pas rentrer bredouille.

Aussitôt son ânesse se met en forme et avance très vite et devança les autres, alors qu'ils avaient pris une bonne avance sur eux. Le sein de Halima a commencé à regorger beaucoup de laits suffisant pour nourrir à satiété son propre enfant et **Muhammad**, Paix et Salue sur lui, alors qu'avant avec la famine, son sein ne coulait pas trop et était insuffisant pour nourrir son seul enfant. De plus, leur chamelle qui ne produisait plus de lait, a commencé à produire du lait en abondance et beaucoup d'autres bonheurs dans la famille. La famine et la tristesse ont laissé la place au bonheur et à la joie dans la famille de **Halimat** avec l'arrivé du bébé **Muhammad**, Paix et Salue sur lui. **Muhammad**, Paix et Salue sur lui, grandit très vite. Une fois sevré, **Halimat** envoya **Muhammad**, Paix et Salue sur lui, chez sa vraie mère **Amina** comme fut la coutume. Mais elle insista et finir par convaincre sa mère de repartir avec son enfant pour profiter davantage de ses bénédictions. Même petit, **Muhammad**, Paix et Salue sur lui, avait un bon comportement. Il est resté avec **Halima** jusqu'à l'âge de 4 ou 5 ans quand un jour alors qu'il s'amusait dehors avec les autres enfants, l'**Ange Djibril**, Paix sur lui, est descendu et ouvrit sa poitrine, enleva un caillot de sang et lave son cœur. Les autres enfants le voyant se faire opérer son ventre, vinrent dire à sa mère adoptive Halima qu'il a été tué, mais ils revinrent le trouver couché en bonne santé. **Halima**, pris de peur et ne comprenant pas, décida alors d'aller remettre le Prophète **Muhammad**, Paix et Salue sur lui, à sa vraie mère **Amina**.

9

Sa mère **Amina** décéda quand il n'avait que 6 ans. Il fut alors confié à son grand père **Abdoul Moutalib** qui déjà vieux, décéda 2 ans plus tard, c'est à dire quand **Muhammad,** Paix et Salut sur lui, avait 8 ans. On le confia alors à son oncle **Abou Talib** qui était devenu l'aîné de la famille.

CHAPITRE 4 : Chez son oncle Abou Talib et la rencontre avec le moine

À partir d'ici, pour abréger, j'écrirai simplement (SAW) à la place de Paix et Salut de Dieu sur lui après le Messager d'Allah **Muhammad** (SAW).

Muhammad (SAW) resta sous la garde de son oncle **Abou Talib** durant 40 ans. Celui-ci l'a pris comme son propre fils et en le protégeant contre ses ennemis. À un moment de sècheresse, les Kouraychites (tribu dominante de la Mecque dont faisait partir le Prophète (SAW) et sa grande famille et les maitres de la Mecque) demandèrent à **Abou Talib** de prier pour qu'il pleuve. Il prit son jeune neveu **Muhammad** (SAW) l'adossa à la Ka'aba et le Prophète (SAW) encore très jeune lui saisit un doigt et aussitôt il se met à pleuvoir.

Quand **Muhammad** (SAW) eut 12 ans, il accompagna son oncle **Abou Talib** en Syrie pour le commerce. En cours de route à Bousra, ils rencontrèrent un moine (qui suivait la voie du Prophète **Issa** (Jésus), Paix sur lui) appelé **Bahira** du vrai nom Georges. Celui-ci leur offrit une bonne hospitalité qu'il n'a jamais fait avant. Il prit la main de **Muhammad** (SAW) et dit : « C'est le

Messager que Dieu exalté enverra en miséricorde à tout l'Univers ». **Abou Talib** lui demanda comment il a su. Le moine lui répondit : « Quand vous êtes apparu, j'ai vu beaucoup de signes de Prophétie en lui qui sont mentionnés dans nos livres. Chaque pierre et chaque arbre sont tombés prosternés alors qu'ils ne le font que pour un Prophète ». Le moine demanda à **Abou Talib** de ne pas continuer le chemin avec lui et de le renvoyer directement à la Mecque, car si les juifs le voyaient, ils tenteraient de le tuer. L'oncle lui ;l' envoya directement à la Mecque.

CHAPITRE 5 : Son mariage avec Khadîdja, que Dieu l'agrée
Dans sa jeune enfance, **Muhammad** (SAW) n'avait pas de travail particulier. Il aidait souvent son oncle, souvent il travaillait comme berger   chez   des   gens   qui   lui   payaient.

Quand il est devenu adulte et voyant trop de charges qui pèsent sur son oncle **Abou Talib**, il décida d'entamer le commerce comme le font la plupart des   Kouraychites. **Khadîdja**, que Dieu l'agrée, fut une femme d'affaires noble et riche qui employaient des hommes à son service. À la vue de la grande honnêteté de **Muhammad** (SAW), elle lui fait une offre d'emploi   de   commerce   à   son   service.

Khadîdja, que Dieu l'agrée, trouva de véritables qualités en **Muhammad** (SAW) comme l'honnêteté, l'esprit profond, l'intelligence et la sincérité. Étant veuve et cherchant un homme honnête, elle eut l'intention de l'épouser. Elle révéla son intention à son amie **Nafissa** et celle-ci d'une manière intelligente demanda à **Muhammad** (SAW) de faire une proposition de mariage à **Khadîdja**, que Dieu l'agrée. Ainsi, le Messager d'Allah (SAW) envoya ses oncles d'aller demander la main de Khadîdja, que Dieu l'agrée à son oncle. Ils se marièrent et le Messager d'Allah (SAW) donna à **Khadîdja**, que Dieu l'agrée, 20 chameaux comme dot.

Le Messager d'Allah (SAW) avait 25 ans et **Khadîdja**, que Dieu l'agrée, avait 40 ans. **Khadîdja,** que Dieu l'agrée, a été donc la première femme du Prophète (SAW), la mère de tous ses enfants sauf un, la première à se convertir à l'Islam révélé sur **Muhammad** (SAW). Elle a été l'unique femme du Prophète (SAW) jusqu'à sa mort. Allah exalté l'a élu parmi les 4 meilleures femmes de toute l'histoire de l'humanité. Sa fille **Fatima,** que Dieu l'agrée, fait également partie (les 2 autres sont **Maryam**, la mère du Prophète **Issa**, Paix sur lui, et **Assia**, la femme de Pharaon).

Muhammad (SAW) et **Khadîdja** eurent 2 fils nommés **Qassim** et **Abdoullah** (encore appelé Tayyib ou Tahir) et 4 filles nommées Zaynab, Rouquayya, Oum Khoulsoum et Fatima, que Dieu les agrée. Les 2 fils moururent à bas âge. Les filles autres que **Fatima**, que Dieu l'agrée, décédèrent au vivant du Prophète (SAW), mais après la révélation. **Fatima**, que Dieu l'agrée, la Reine du Paradis et l'épouse de **Ali**, que Dieu l'agrée, décéda 6 mois après le décès de son père.

Muhammad (SAW) avait de meilleurs comportements avant même la révélation, il soutenait les faibles, donnait aux nécessités, accueillait bien les hôtes. Les habitants l'avaient même surnommé Al Amin(le fidèle ou l'honnête ou le Digne de confiance). Ils lui confièrent même leur richesse pour garder pour eux tellement qu'il était honnête. Avant même de recevoir la Prophétie, il ne buvait pas du vin et de l'alcool, il ne mangeait pas la viande d'animaux sacrifiés aux idoles. Ils ne se rapprochaient pas aux idoles et aux fétiches et les haïssaient même. Ils n'assistaient pas aux fêtes idolâtres. Tout ceci montraient déjà un signe : « la Prophétie. »

CHAPITRE 6 : La révélation prophétique

Muhammad (SAW) faisait tout son possible pour aider les gens, pour emmener la justice, pour diminuer la souffrance, pour lutter contre le mal, contre l'oppression. Malgré tout son effort, il voyait les gens dans la perdition, dans le mal, dans des adorations inutiles, absurdes, insensées. Il savait que ces adorations idolâtres n'avaient pas de sens, mais malheureusement, il ne connaissait pas de voie claire pour les guider. C'est ainsi, vers l'âge de 38 ans, il s'isolait dans la caverne de la grotte de Hira à environ 4 km de la Mecque, malgré qu'il ait une femme aisée et riche, pour méditer sur le sort des gens et de l'Univers et comment les sauver de leur ignorance (djahiliya). Il pouvait y passer tout un mois dans la grotte et ses environs. Il se nourrissait principalement de l'eau et de la bouillie sucrée à base d'orge et de blé. Il nourrissait les

passants

nécessiteux.

Regardez comment le Saint Prophète (SAW) pensait à nous pour nous sauver avant même qu'il n'ait reçu la révélation. C'est ainsi qu'Allah exalté préparait **Muhammad** (SAW) à porter le grand fardeau de son Message. Au mois de Ramadan de sa 3è année de retraite dans la caverne de Hira (pendant ses 3 ans, il passait des jours dans la grotte et d'autres jours en famille), quand il avait 40 ans et 6 mois (années lunaires, soit 39 ans et 3 mois pour les années solaires), Allah exalté envoya l'Ange Djibril, Paix sur lui, pour faire descendre sa Parole (les VERSETS DU CORAN) sur **Muhammad** (SAW) un lundi 21è jour de Ramadan (il n'y avait pas encore les jeûnes de Ramadan) correspondant au 10 Août 610. L'Ange Djibril, Paix sur lui, dit à **Muhammad** (SAW) : « **Lis** », le Prophète (SAW) étant illettré lui dit : « Je ne sais pas lire ». L'Ange répète et reçoit la même réponse à la 2è et 3è fois. À la 4è fois, l'Ange lui transmet la Parole que Dieu l'a envoyée : « 1. Lis au nom de ton Seigneur qui a créé, 2. qui a créé l'Homme d'une adhérence.

3. Lis ! Ton Seigneur est le Très Noble ».
(Sourate 96, Versets 1 à 3). **Muhammad** (SAW) qui n'avait jamais entendu ces paroles, ni entendu et vu l'Ange Djibril, Paix sur lui, est rentré à la maison le cœur tremblant en répétant ces versets et en demandant à sa femme **Khadîdja**, que Dieu l'agrée, de le couvrir. Il raconta ce qui s'est passé à sa femme qui le crut aussitôt et lui dit : « Allah exalté ne t'avilira jamais ». Elle l'emmena chez son cousin paternel **Waraqa Ibn Nawfal** qui était un vieillard aveugle suivant la voie du Prophète **Issa**, Jésus, Paix sur lui. Quand le Prophète (SAW) a expliqué à **Waraqa**, celui lui dit que c'est le même Ange qu'Allah exalté avait envoyé au Prophète **Moussa**, Moïse, Paix sur lui. Il dit que s'il était jeune, il voudrait vivre jusqu'au jour où le Peuple expulsera **Muhammad** (SAW) et il allait le soutenir de toute sa force. **Muhammad** (SAW) lui demanda : « Donc mon peuple m'expulsera-t-il ? ». **Waraqa** lui répond que tout Homme ayant apporté de la révélation a eu du rejet de son peuple. Après, le Prophète (SAW) était sur une montagne quand il entend une voix venue du ciel : « Oh **Muhammad**, tu es le Messager d'Allah et je suis l'Ange **Djibril** » Il leva sa tête vers le ciel et a vu l'Ange **Djibril,** Paix sur lui, sous l'apparence d'un homme, joignant ses pieds à l'horizon. L'Ange répéta plusieurs fois et le Prophète (SAW) est resté sur place pour le regarder. Quand l'Ange a disparu, il est rentré à la maison et a expliqué à sa femme. Sa femme **Khadîdja**, que Dieu l'agrée, jure que son mari **Muhammad** est le Prophète d'Allah. Elle part raconter à son

cousin vieillard **Waraqa** qui jure lui aussi qu'il est le Prophète d'Allah et que c'est le même Ange qu'Allah exalté avait envoyé au Prophète **Moussa**, Moïse, Paix sur lui. **Khadîdja**, que Dieu l'agrée, revint expliquer ce qu'a dit son cousin à son mari. Le Prophète (SAW) lui-même part voir **Waraqa**, et ce dernier lui jura encore qu'il est le Prophète d'Allah et que c'est le même Ange qu'Allah exalté avait envoyé au Prophète **Moussa**, Moïse, Paix sur lui. Mais malheureusement, étant très vieux, **Waraqa** décéda peu de temps après. Vous voyez, c'est la 2è personnalité suivant la voie du Prophète **Jésus**, Paix sur lui, qui attesta la Prophétie de **Muhammad** (SAW). En fait, tous ceux qui suivaient avec sincérité et connaissance la voie de **Jésus**, Paix sur lui, en voyant le Message de **Muhammad** (SAW) savaient qu'il était un Envoyé d'Allah. Dans la 4è partie, on a dit qu'un moine Bahira suivant la voie du Prophète Jésus, Paix sur lui, a su qu'il deviendrait Prophète quand il n'avait que 12 ans. Cet homme saint aussi **Waraqa** a attesté immédiatement quand il a entendu ce qui s'est passé. Il devient la 2è personne à attester le Message du Prophète (SAW) et la première personne à attester fut **Khadîdja,** que Dieu l'agrée.

Après, la révélation s'interrompit, mais **Muhammad** (SAW) continua de voir l'Ange **Djibril**, Paix sur lui, qui lui répéta toujours « Oh **Muhammad**, tu es le Messager d'Allah et je suis l'Ange **Djibril** ». Un jour, pendant qu'il marchait, il entendit une voix du ciel, quand il a regardé, il trouva encore l'Ange **Djibril**, Paix sur lui, assis sur une chaise entre le ciel et la terre. Le

16

Prophète **Muhammad** (SAW) eut peur et il est allé à la maison dire à sa femme de le couvrir et c'est là qu'Allah exalté lui a révélé par l'Ange **Djibril**, Paix sur lui, ces versets suivants : « 1. Oh ! , toi, l'enveloppé [dans tes vêtements] ! 2. Lève-toi [pour prier], toute la nuit, excepté une petite partie; 3. Sa moitié, ou un peu moins; 4. ou un peu plus. Et récite le Coran, lentement et clairement. 5. Nous allons te révéler des paroles lourdes (très importantes). » (Sourate 73, versets 1 à 5). Après la révélation revenait de façon fréquente et régulière sous diverses formes. Comme vous le savez, ces paroles lourdes ne doivent pas être gardées à la maison en famille. Ces paroles doivent être propagées, mais intelligemment et Allah exalté en est l'éducateur lui-même.

CHAPITRE 7 : L'ordre d'appeler à Allah en secret

À partir d'ici, pour abréger la formule de politesse (Que Dieu l'agrée) dite après chaque compagnon, j'écrirai simplement RAA. Après avoir préparé le Prophète (SAW), la mission de Messager devait commencer. Allah exalté l'interpela dans un autre groupe de révélations dont le début est : « Oh, toi ! Le revêtu d'un manteau ! Lève-toi et avertis. » (Sourate 74, versets 1 & 2). Ainsi, le Prophète (SAW) devrait maintenant inviter les gens à suivre les bonnes voies. À ce moment, l'Appel à l'Islam était uniquement *le tawhid*, c'est à dire le témoignage de l'unicité d'Allah, ce qui implique naturellement l'abandon de tous les fétiches et idoles et s'en remettre uniquement à Allah exalté dans toutes les actions. Dans l'appel, il y avait également, la croyance au jour de la résurrection et l'abandon de faire du mal et l'acquisition de bons comportements. Et tout cela doit se réaliser par la croyance au Message de **Muhammad** (SAW) et le suivi de ses directives. Le problème était que la Mecque était considérée comme le centre religieux idolâtre des Arabes et la Ka'aba était remplie de plusieurs idoles. Les gens venaient partout pour ces idoles. La Ka'aba construite par Ibrahim et son fils Ismaïl, Paix sur eux, dans le but d'accomplir le pèlerinage pour Dieu exalté, est malheureusement devenue un pèlerinage idolâtre quand la mécréance a dominé la croyance. Le Prophète (SAW) savait qu'un appel à l'abandon de cette pratique serait très dangereux, mais l'appel à l'Islam pour le bien-être dans la vie ici-bas et dans l'au-delà devrait être fait quel qu'en soit le prix à payer. Cependant par prudence et intelligence, le Prophète (SAW) commença l'appel discrètement. Il commença par sa famille et ses amis les plus proches. Comme j'ai dit dans la partie précédente, son épouse **Khadîdja** (RAA) fut la première à professer l'Islam de même que le cousin vieillard **Waraqa**. Ces deux ont professé avant même le début de l'appel. Ensuite, viennent le fils adoptif du Prophète (SAW) **Zayd**, son cousin **Ali** et son grand ami inséparable **Abou Bakr**, que Dieu les agrée tous. Ces trois ont professé l'Islam dès le premier jour de l'appel. Son cousin. **Ali** (RAA) qui était comme son frère, car c'est son papa **Abou Talib** qui adoptait le Messager d'Allah (SAW) et qui deviendra même

18

son beau-fils en épousant sa fille **Fatima** (RAA), n'était qu'un enfant.

Quand **Abou Bakr** (RAA) s'est converti, il n'y avait plus de temps à perdre pour lui. Il partit convertir cinq de ses fidèles amis dont **OusmanBen Affan**, **Az-Zoubair Ben Awwan**, **Abdou Rahman Ben Awf, Saad Ben Abi Waqqas et Talha Ben Ubaydullah**, que Dieu les agrée tous.

Il faut noter que l'Islam n'a pas commencé avec la venue de **Muhammad** (SAW), tous les Prophètes ont prêché l'Islam. Ces Prophètes et tous ceux qui les suivirent étaient tous musulmans. Avec la venue de **Muhammad** (SAW), les musulmans sont seulement ceux qui suivent le message de **Muhammad** (SAW). Et parmi les premiers Musulmans au message de **Muhammad** (SAW), il y'avait l'abyssinien (éthiopien) **Bilal Ibn Rahbaa, Abou Oubayda Ben Djarrah, Abou Salama, Al-Arqam ben Abi Al-Arqam, Ousmane Ben Maz'oun et ses 2 frères Qudama et Abdoullah, Saïd Ben Zayd** et sa femme **FatimaAl AdawiyyaBen Khattab** (qui était la sœur de Oumar Ben Khattab, Oumar lui-même n'était pas encore converti), **Abdoullah BenMas'oud** et d'autres aussi, que Dieu les agrée tous. C'était les premiers musulmans au message de **Muhammad** (SAW). Ensuite, des groupes d'hommes et de femmes se convertirent. Le Prophète (SAW) les apprenait secrètement. La révélation de Dieu venait régulièrement.

Selon plusieurs versions, la prière était descendue dès les premiers moments de la révélation, mais ce n'était pas encore les 5 prières obligatoires quotidiennes Les 5 prières sont descendues avec le voyage nocturne comme on le verra après Incha Allah. Les prières à ce moment n'étaient pas obligatoires pour les musulmans. Avec la conversion en masse, mais en secret, les responsables des Khouraych, toujours idolâtres ont commencé à soupçonner, mais ne prêtèrent pas attention. Le Prophète (SAW) appela les gens de façon secrète durant 3 ans. Les gens deviennent de plus en plus musulmans. Les responsables idolâtres des Khouraych commencèrent à se méfier et à chercher des plans compte tenu de l'influence du Message du Prophète (SAW). Une petite société des croyants fondés sur la fraternité et l'entraide mutuelle se forma et qui propagea l'Islam mais toujours de façon secrète. Après cela, Allah exalté envoya l'Ange Djibril, Paix sur lui, au Messager d'Allah (SAW) de proclamer son Message aux Khourayches, d'appeler les gens à l'abandon des idoles. Ainsi commença l'appel ouvert à l'Islam.

CHAPITRE 8 : L'ordre d'appeler à Allah de façon ouverte et en public

Pour l'appel ouvert, le Prophète (SAW) commença par sa propre grande famille. Il convoqua les Bani Hashim, les descendants de Hashim (Rappelons que Hashim est l'arrière-grand-père du Prophète (SAW)). Certains descendants de Al Moutalib (frère de Hashim, à ne pas confondre avec Abdoul Moutalib, fils de Hashim et grand père du Prophète (SAW)) y étaient présents à la rencontre. Ils étaient en tout 45 hommes. Avant de commencer, **Abou**

Lahab, un oncle du Prophète (SAW), prend la parole et s'adressa au Prophète (SAW) : « *Ce sont tes oncles et tes cousins qui sont devant toi, parle donc et laisse tes conneries. Contente-toi de tes parents et suis leur tradition, je n'ai jamais vu une personne apporter plus de mal à sa famille que toi*». Le Prophète (SAW) s'est tu sans rien dire et la réunion prit fin. Le Prophète (SAW) les invita une 2è fois et il prend la parole et dit : « *Louange à Allah, je cherche son Aide, je crois en lui, je place ma confiance en lui, j'atteste qu'il n'existe nulle autre divinité qu'Allah et n'a aucun associé [...] Je jure par Allah, le Dieu Unique, que je suis l'envoyé d'Allah [...] Je jure par Allah que vous mourez, comme vous dormez et vous serez ressuscités, comme vous vous réveillez et que vous serez jugés suivant vos œuvres. Et ce sera alors l'Enfer éternel ou le Paradis Éternel.*» **Abou Talib**, l'oncle et père adoptif du Prophète (SAW) dit : « *Fais ce qu'on t'a ordonné de faire, je jure par Dieu de toujours te protéger et te défendre, mais je n'ai pas le courage de quitter la religion de mon père (l'animisme)*». **Abou Lahab**, un autre oncle du Prophète (SAW) dit à son frère Abou Talib : « *ceci est abominable, il faudra, que nous parents de Muhammad, l'arrêtons avant que d'autres ne le fassent*», mais **AbouTalib** insista qu'il le protègera toujours. Après s'être garanti de la promesse de son oncle **Abou Talib**, le Prophète (SAW) réunit cette fois-ci toute la grande tribu de Khouraych en se mettant sur le mont Safa. Presque tous s'assemblèrent de même que ses oncles **Abou Talib et Abou**

Lahab.

Le Prophète (SAW) leur dit donc : « *Voyez-vous, si je vous disais qu'une cavalerie dans la vallée s'apprête à vous attaquer, me croiriez-vous   ?   »*.

Ils répondirent *: « Oui, tu nous a toujours dit la vérité »*.

Le Prophète (SAW) leva ses deux mains et dit : « *Sachez donc que je suis votre avertisseur, le Messager d'Allah* ».

Abou Lahab, qui est même l'oncle direct du Prophète (SAW) se leva et dit au Prophète (SAW) : « *Que tes deux mains se périssent, est-ce pour cela que tu nous a rassemblés ?* ».

C'est Allah exalté lui-même qui a répondu à **Abou Lahab** à travers une révélation sur le Prophète (SAW) dans une sourate entière lui et sa femme qui torturait aussi le Prophète (SAW) en jetant souvent des plantes épineuses devant sa porte :

« *1. Que périssent les deux mains d'Abu-Lahab et que lui-même périsse.*

2. Sa fortune ne lui sert à rien, ni ce qu'il a acquis.

3. Il sera brulé dans un Feu plein de flammes.

4. de même sa femme, la porteuse de bois,

5. À son cou, une corde de fibres. » (Sourate 111)

Cet avertissement aux Khourayches a fait maintenant qu'à la Mecque, tout le monde est au courant de l'Islam. Certains se convertirent encore, mais les chefs des Khourayches devinrent encore plus furieux et se mettent encore plus en colère contre le Messager d'Allah (SAW). Ainsi, ils entreprirent des actions contre **Muhammad** (SAW).

1.   Visite   de   Abou   Talib

Face à de grand abandon de l'adoration des idoles, les chefs des Khourayches ont fait une délégation pour aller voir Abou Talib de dissuader son neveu d'arrêter de mépriser leur idole et d'arrêter de dire l'unicité de Dieu exalté ou simplement de leur livrer son neveu **Muhammad** (SAW), mais **Abou Talib** refusa intelligemment.

2. Réunion pour empêcher les pèlerins d'écouter Muhammad (SAW)

Le pèlerinage s'approcha, les arabes vont quitter partout pour venir à la Mecque. (Il faut noter que le Messager d'Allah Ibrahim, Paix sur lui, a construit la Ka'aba pour le pèlerinage à Allah unique, mais malheureusement plusieurs générations après, ce pèlerinage était devenu pèlerinage idolâtre.) Comme les arabes viendront de partout, les grands mécréants ont eu peur que ces pèlerins soient détournés par les paroles de **Muhammad** (SAW), alors ils ont convoqué une réunion d'urgence chez l'un des grands chefs mécréants **Al Walid Ben AlMoughira** pour discuter de l'affaire. Ils se sont dits que c'est mieux que eux tous se mettent d'accord sur une chose, que sinon si chacun ment sur **Muhammad** (SAW) différemment, les pèlerins sauront qu'ils mentent, donc ils doivent se mettre d'accord sur quel mensonge adopté. Certains ont proposé qu'ils diront que c'est un devin, mais ils ont dit que les pèlerins sauront ce mensonge car ses paroles ne ressemblent pas à des incantations. Ils ont proposé qu'ils diront qu'il est fou, mais ils se sont rendus compte que ce mensonge ne tiendra pas, car les pèlerins le verront qu'il a toutes ses raisons. D'autres ont proposé qu'on dira qu'il est simplement poète, mais ils se disent que les pèlerins sauront que ces paroles sont plus fortes que la poésie. Le grand chef mécréant **Al WalidBen Al Moughira** rejeta toute leur proposition, puis proposa qu'on dira qu'il est sorcier et magicien, mais certains dirent que tout le monde sait qu'il n'a jamais fait de la sorcellerie, mais ils se sont dits que les pèlerins ne sauront pas. Ils se sont dits qu'ils prouveront leur mensonge en disant qu'il fait de la sorcellerie pour séparer l'homme et son père, l'homme et son frère, l'homme et son épouse et l'homme et sa tribu. À la Mecque, à ce moment, on voyait quelqu'un qui est musulman et son père ou son frère est un grand chef mécréant, et donc chassé de sa famille. Certaines personnes ont été rejetées de leur tribu à cause de leur conversion à l'Islam. Allah exalté a répondu à ce grand mécréant **Al Walid Ben Al Moughira** à travers des révélations : «

18. Il a réfléchi. Et il a décidé.

19. Qu'il périsse ! Comme il a décidé !

20. Encore une fois, qu'il périsse; comme il a décidé !

21. Ensuite, il a regardé.

22. Et il s'est renfrogné et a durci son visage.

23. Ensuite il a tourné le dos et s'est enflé d'orgueil.

24. Puis il a dit : "Ceci (le Coran) n'est que magie apprise

25. ce n'est là que la parole d'un humain".

26. *Je vais le bruler dans le Feu intense (Saqar).*

27. *Et qui te dira ce qu'est Saqar ?*

28. *Il ne laisse rien et n'épargne rien;*

29. *Il brule la peau et la noircit.*

30. *Ils sont dix-neuf à y veiller.* » (Sourate 74, versets 18 à 29).
Le conseil des mécréants a adopté cela, ainsi, ils partent se mettre sur le chemin d'arriver des pèlerins en leur prévenant de ne même pas s'approcher de **Muhammad** (SAW), qu'il est un grand sorcier. Ils ont fait cela pour qu'ils n'écoutent même pas les paroles d'Allah exalté.

3. Abou Lahab brise les espoirs de conversion des pèlerins
Malgré cela, le Prophète (SAW) essaya de prêcher les pèlerins, mais malheureusement son oncle **Abou Lahab** marchait derrière lui. Quand le Prophète (SAW) prêcha l'Islam en leur promettant la victoire s'il accepte l'Islam, au moment où ces pèlerins prêchés étaient surpris de la parole de Dieu exalté et de la promesse de **Muhammad** (SAW) et en train de réfléchir, Abou Lahab leur dit : « Oh, excusez-le, c'est mon fils, il est fou » et ces pèlerins s'en vont. Malgré tous les plans des mécréants, certains pèlerins ont continué à réfléchir à la Parole du Prophète (SAW) à leur retour.

4. Des stratégies contre Muhammad (SAW)
Comme le Prophète (SAW) continua seulement de prêcher et les gens se convertissaient, les mécréants le traita de fou, se moquaient de lui, traita les versets coraniques de contes d'anciens, d'invention humaine. D'autres même sont partis à l'extérieur pour aller apprendre des légendes et venir les réciter afin de détourner

les gens des paroles de Dieu exalté. Mais tout cela ne produit pas d'effet sur **Muhammad** (SAW) et les musulmans, alors les mécréants ont trouvé comme stratégie de se réconcilier à **Muhammad** (SAW) dans les adorations.

5. Demande de la réconciliation dans les adorations

Comme réconciliation, ils ont proposé au Prophète (SAW) d'alterner dans les adorations : une année, musulmans comme mécréants se mettent tous ensemble pour adorer Allah exalté comme font les musulmans, une année, ils se mettent tous ensemble pour adorer les idoles. Un groupe de grands mécréants influents intercepta le Prophète (SAW) lui demanda de venir ils vont aller adorer son Dieu ensemble, puis leurs dieux ensemble, ainsi ils seront des associés. Allah exalté a encore répondu à ces mécréants à travers la sourate 109 pour faire la part des choses «

1. Dis : "Ô vous les infidèles !

2. Je n'adore pas ce que vous adorez.

3. Et vous n'êtes pas adorateurs de ce que j'adore.

4. Je ne suis pas adorateur de ce que vous adorez.

5. Et vous n'êtes pas adorateurs de ce que j'adore.

6. A vous votre religion, et à moi ma religion". »

Et là c'est clair, on ne se rassemble pas aux mécréants dans l'adoration, chacun à son adoration. C'est tout. Face à tous ces échecs, les mécréants ont décidé d'adopter une manière forte et violente contre le Prophète (SAW) et les musulmans.

6. La persécution du Prophète (SAW)

- **Abou Lahab** qui avait marié ses deux fils **Outba et Outayba** aux filles du Prophète (SAW) **Roukhaya et Oum Koulsoum** avant la Révélation, les força à divorcer. Il lançait des pierres sur le Prophète (SAW).

- **Outayba**, en plus de divorcer d'avec la fille du prophète (SAW), l'insulta, le serra ses colles et a failli cracher sur lui et peu de temps après, un lion a coupé sa tête.

- La femme de **Abou Lahab** était aussi cruelle comme son mari, elle calomniait le Prophète (SAW) et essayait de lui lancer des cailloux.

- Les mécréants jetèrent des ordures sur le Prophète (SAW) et dans sa maison,

- ils jetèrent un placenta d'une chamelle sur lui quand il priait,

- ils l'empêchaient de prier à la Ka'aba,

- ils lui faisaient trop de persécutions de sabotages, mais le Messager d'Allah (SAW) n'arrêta pas.

À la tête de ces grands mécréants se trouvèrent **Abou jahal, Outbah Ben Rabia, Chaybab Ben Rabia, Al Walib Ben Outba, Oumayya Ben Khalaf, Outbah Ben Abi Mouayt** (tous ces mécréants sont morts à la Bataille de Badr) et aussi **Abou Lahab** (qui n'a pas participé à la bataille de Badr, mais il est mort juste après).

Cependant ces mécréants, malgré toute leur persécution sur **Muhammad** (SAW) ne pouvaient pas attenter à sa vie à cause de la protection de son oncle **Abou Talib**. Ainsi, ils décidèrent de persécuter les musulmans, surtout les faibles (les faibles, ce sont ceux qui n'ont pas de famille bien placée ou n'ont pas de protecteur).

7. Persécution contre les musulmans

- **Abou Jahal** faisait des injustices aux grands commerçants musulmans et ils torturaient les faibles.

- L'oncle de **Ousmane Ben Affan** (RAA) l'enroulait dans un tapis de feuilles de palmiers et l'enfumait par dessous, ce qui faisait bruler **Ousman Ben Affan** (RAA) entrainant un grand douleur.

- **Mous 'ab Ben Oumayr** (RAA) était un garçon de famille riche qui était envié par tous les garçons de son entourage, la bonne odeur de son parfum était sentie de loin. Quand sa mère l'apprend qu'il s'est convertit à l'Islam, elle ne lui donnait plus à manger et le chassa. Ainsi, il vivat dans la misère.

- **Bilal** (RAA), un musulman, était l'esclave d'un grand maitre mécréant **Oumayya Ben Khalaf**. Ce mécréant infligeait les plus terribles supplices à **Bilal** (RAA) comme des coups de fouets, des longues expositions au soleil torride. Il le jeta à terre sous un soleil brulant, lui plaça un énorme rocher sur sa poitrine et le menaça de le faire souffrir jusqu'à la mort s'il ne renie pas l'Islam, mais **Bilal** n'a jamais renié l'Islam. Il continua de le souffrir jusqu'à ce que **Abou Bakr** (RAA) passa, l'acheta et l'affranchit. Ainsi, il n'est plus esclave de personne.

- **Ammar Ben Yassir** (RAA), son père **Yassir** et sa mère **Soumayya** (RAA) furent capturés par des mécréants. Le père, **Yassir** (RAA) décéda de ces tortures tandis que la mère, **Soumayya** (RAA) fut tuée par **Abou Jahal**. Ce sont les deux parents de **Ammar** (RAA) qui furent les premiers martyrs de l'Islam révélé sur **Muhammad** (SAW). Ammar (RAA) lui-même a eu la vie sauve en reniant l'Islam avec sa bouche. Mais il n'a jamais renié de son cœur.

- Les esclaves musulmans étaient torturés par leurs maitres, **Abou Bakr** (RAA) et le Messager d'Allah (SAW) les achetèrent et les affranchirent.

- Certains compagnons du Prophète (SAW) furent enveloppés dans des peaux fraiches de chameaux ou de vaches et abandonnés au désert, d'autres furent étendus sur des rochers brulant sous le soleil horrible.

- Même les femmes converties à l'Islam ne sont pas épargnées. Elles subirent aussi des souffrances.

- La liste est trop longue, mais malgré toutes les souffrances, les musulmans n'ont pas renié à leur foi.

8. Retour à l'enseignement discret

Compte tenu de toutes les souffrances subies sur les musulmans, le Prophète (SAW), non pas, par peur pour lui-même, mais pour ses compagnons, ne faisait plus d'enseignements en public aux musulmans, il faisait maintenant ses enseignements des versets coraniques et des bonnes manières dans la maison d'un compagnon **Al Arqam Ben Abi Arqam** (RAA). Le Prophète (SAW) lui-même continuait de prêcher ouvertement et en public à de nouvelles personnes. La maison de **Al Arqam Ben Abi Arqam** (RAA) se trouvait sur la montagne de Safa, loin des gens. Chaque compagnon, à son tour, partait transmettre l'enseignement à sa famille. Malgré cela, les mécréants les espionnaient et continuaient leurs persécutions. Pour cela, Allah exalté permit aux musulmans de migrer en Abyssinie (Éthiopie).

CHAPITRE 10 : Émigration en Abyssinie (Éthiopie)

Le Prophète (SAW) avait appris que le roi d'Abyssinie était un homme juste qui ne tolérait pas d'injustice dans son royaume. Il demanda alors aux musulmans opprimés ou à tous ceux qui veulent, d'aller chercher asile en Abyssinie. Ainsi, un groupe de musulmans, constitués de 12 hommes et 4 femmes dirigés par **Ousmane** (RAA) et sa femme **Roukhaya** (RAA), fille du Prophète (SAW), partit une nuit du mois de Radjab. Les mécréants se rendirent compte de leur départ et les poursuivirent, mais ils ne purent les rattraper. Les musulmans reçurent une bonne hospitalité. Pendant le mois de Ramadan, la récitation d'un verset coranique a fait prosterner les musulmans et même les mécréants aux alentours. Ces mécréants se sont vite excusés auprès de leurs chefs mécréants. Mais la prosternation des mécréants a entrainé une rumeur disant que tous les mécréants de la Mecque sont convertis à l'Islam et la rumeur atteignit les émigrés musulmans en Abyssinie. Ainsi, pendant le mois de Chawal de la même année, les émigrés prirent le chemin de la Mecque croyant qu'il n'y aurait plus de persécutions. Quand ils étaient proches de la Mecque, ils surent la vérité, certains retournèrent en Abyssinie, mais d'autres se sont cachés rentrer à la Mecque. Ils trouvèrent que les persécutions contre les musulmans ont augmenté d'ampleur. Alors le Prophète (SAW) ordonna de nouveau l'émigration en Abyssinie. Mais cette fois-ci, c'était compliqué, car les mécréants étaient prévenus. Ces mécréants essayaient de les empêcher, mais par la grâce d'Allah exalté, les musulmans devancèrent les mécréants en Abyssinie. Pour cette 2è émigration, ils étaient 88 hommes et 18 ou 19 femmes à émigrer. Les mécréants voyant des musulmans ayant reçu l'hospitalité ailleurs envoyèrent deux de leurs hommes très intelligents et rusés **Amr Ben AlAs** et **Abdoullah Ben Abou Rabiaa** (il faut noter que ces 2 hommes sont devenus musulmans plus tard, mais à ce moment, ils étaient encore mécréants) avec des cadeaux au roi pour que le roi livre les musulmans. Soubhanallah. Vous ne voulez pas vos frères de la même ville et même ancêtre proche, car ils sont devenus musulmans. Vous les torturez, vous tuez même certains, ils vous quittent pour aller vivre ailleurs, vous voulez les empêcher de partir pour pouvoir encore les torturer. Dieu exalté les facilite, ils vous quittent. Vous repartez encore chez eux pour qu'on vous les délivre pour que vous continuiez à les torturer, quelle haine.

Les deux envoyés des mécréants **Amr Ben Al As et Abdoullah Ben Abou Rabiaa** ont fait des ruses en traitant les musulmans de rebelles, de créateurs de nouvelle religion différente de la leur et de celle des abyssiniens (À noter que les abyssiniens étaient des chrétiens). Les 2 mécréants dirent au roi que les chefs de la Mecque et les parents des musulmans lui demandent de livrer les musulmans. À ces paroles flatteuses, les notables abyssiniens demandèrent au roi de livrer les musulmans aux mécréants. Le roi dit qu'il ne peut pas décider sans entendre l'autre partie, c'est à dire les musulmans. Il appela alors les musulmans et ceux-ci décidèrent de dire la vérité.

Djafar Ben Abou Talib (RAA), (frère de **Ali** (RAA) et cousin du Prophète (SAW) et considéré comme frère du Prophète (SAW) car son père **Abou Talib** était le père adoptif du Prophète (SAW)) prend la parole au nom des musulmans en disant : « Oh Roi, nous étions dans l'ignorance et la barbarie, nous adorons les idoles, mangions la chaire des animaux morts, […] nous vivons dans la luxure où seule la loi du plus fort régnait parmi nous jusqu'au jours où Allah exalté a envoyé son Messager, un homme des nôtres dont nous connaissons la noble ascendance, la véracité, l'honnêteté et la pureté. Il nous a exhorté à adorer Allah exalté seul, sans ne jamais lui attribuer d'associés, et à abandonner des idoles. Il nous a prescrit la véracité, l'honnêteté, […] et il nous a interdit la prostitution, la brutalité, les faux témoignages […]. Ainsi, nous avons cru en lui et répondu à son appel […] Cependant, notre peuple s'est insurgé contre nous en nous affligeant les tortures pour nous détourner d'Allah exalté. Leur oppression s'étant amplifiée et nous a poussé à l'exil et nous avons espéré trouver dans votre pays la sécurité. » Le roi lui demande de réciter quelque chose de sa révélation. **Djafar Ben Abou Talib** (RAA) lui récita des versets dans la Sourate Maryam (Sourate 19) qui firent pleurer le roi et ses évêques en disant que ceci provient de Dieu exalté. Le roi demanda aux mécréants de retourner chez eux en leur retournant leur cadeau. Les 2 mécréants partirent, mais **Amr Ben Al As** jura de retourner le lendemain dire quelque chose au roi qui ferait exterminer tous les musulmans. **Amr Ben Al As** retourna voir le roi le lendemain et lui dit que **Muhammad** (SAW) et se partisans dirent des mauvaises choses sur **Jésus**, Paix sur lui. Le roi convoqua encore les musulmans et les interrogea au sujet de **Jésus**, Paix sur lui. **Djafar** (RAA) récita les versets du Coran concernant le grand Messager d'Allah **Jésus**, Paix sur lui. En l'entendant, le roi assura les musulmans de sa protection et renvoya, avec leur cadeau, les 2 mécréants en les humiliant.

Les mécréants reçurent un nouvel échec, ils cherchèrent encore d'autres stratégies contre le Prophète (SAW) en passant par son oncle.

CHAPITRE 11 : Nouvelles stratégies des Khourayches contre le Prophète (SAW) et la conversion à l'Islam de hamza (RAA) et de Oumar (RAA)

Les chefs Khourayches partirent menacer **Abou Talib** en lui disant de demander au Prophète (SAW) d'arrêter sinon ils vont les combattre jusqu'à la mort. **Abou Talib** vint expliquer au Prophète

(SAW) qui lui répondit qu'il n'arrêtera jamais. L'oncle lui jura de sa protection et de ne jamais l'abandonner. Les chefs mécréants trouvèrent une autre stratégie. Ils emmenèrent le jeune homme le plus beau et le plus robuste de la Mecque nommée **Oumarah Ben Al Walid** chez **Abou Talib** et lui proposèrent de le prendre comme fils en échange de **Muhammad** (SAW). En fait, ils voulaient tuer le Prophète (SAW) et pour compenser sa perte chez son oncle, on lui donne un autre homme qui est le plus beau et le plus robuste. **Abou Talib** leur répondit : « *Quelle mauvaise affaire que vous me faites ! Voulez-vous me donner votre fils que je l'élève et moi je vous donne mon fils pour que vous le tuiez ? Je ne le ferai jamais.* » Les mécréants retournèrent pour chercher d'autres stratégies pour tuer le Prophète (SAW).

Abou Djahal jura de tuer le Prophète (SAW) avec un énorme rocher. Pendant que le Prophète (SAW) faisait la prosternation de la prière, **Abou Djahal** prit le rocher et va vers le Prophète (SAW), mais il s'est arrêté net et recula avec son rocher car il avait vu un chameau prêt à le dévorer alors que personne n'a vu ce chameau. Un autre jour pendant le Prophète (SAW) priait, **Ouqbah Ben Abi Mouhayt** s'est rapproché de lui et s'est mis à l'étrangler violemment avec ses vêtements, **Abou Bakr** (RAA) voyant cela, a risqué sa vie en sauvant le Prophète (SAW). Pendant que les mécréants faisaient souffrir les musulmans, ils subirent un grand coup, car l'un des grands guerriers et même chasseur de lions venait de se convertir à l'Islam. Il s'agit d'un autre oncle direct du Prophète (SAW) **Hamza** (RAA). Comme si ça ne suffit pas comme échec pour les mécréants, Allah exalté a ouvert le cœur à l'Islam d'un des mécréants les plus craints. Il s'agit de **Oumar** (RAA). En fait, **Oumar** (RAA) était sorti avec son épée pour tuer le Prophète (SAW). Il rencontre un Khouraych qui lui demande son intention. Quand il lui dit qu'il voulait tuer le Prophète (SAW), le Khouraych lui dit que sa propre sœur et son beau-frère sont musulmans (C'était à la 6è année après la révélation et **Oumar** (RAA) ne savait pas que sa sœur s'était convertie à l'Islam alors qu'elle l'était dès les premiers moments de la révélation). **Oumar** (RAA) se fâcha et alla chez sa sœur, mais Allah exalté a voulu que c'est là-bas qu'il se convertit à l'Islam.

Face à ces deux conversions, les mécréants changèrent de stratégie et procédèrent à des négociations. Ils envoyèrent quelqu'un d'aller proposer au Prophète (SAW) de lui faire le plus grand riche de la Mecque, de lui faire roi, de lui donner tous les honneurs ainsi que d'autres avantages à condition qu'il arrête de parler de l'unicité de Dieu exalté. La réponse du Prophète (SAW) laissa les mécréants bouche bée. Il leur dit : « Je jure par Allah exalté que s'ils mettent le soleil sur ma main droite et la lune sur ma main gauche au prix d'abandon de cette mission, je ne l'abandonnera jamais » (Dans certaines versions de l'histoire, cette réponse a été donnée à **Abou Talib** pour dire aux mécréants dans le premier paragraphe de la partie).

Face à toutes les tentatives d'assassinat du Prophète (SAW), **Abou**

Talib réunit sa grande famille, les descendants de Hashim et les descendants de **Al Moutalib** en leur promettant de défendre le Prophète (SAW). Tout le monde de cette grande famille y compris les mécréants de la famille promirent de défendre le Prophète (SAW) sauf le grand ennemi de Dieu exalté **Abou Lahab** alors qu'il fait partie de la famille.

La conversion de **Hamza** (RAA) et de **Oumar** (RAA), le refus du Prophète (SAW) à toutes les négociations d'abandonner l'Islam et le pacte de promesse de la grande famille de défendre le Prophète (SAW) emmenèrent les mécréants à chercher un autre moyen. Ils savaient qu'en essayant de tuer le Prophète (SAW), il risquerait d'avoir une guerre civile, alors ils imposèrent un embargo et un boycott à toute la grande famille du Prophète (SAW) sauf **Abou Lahab** qui est de leur côté.

CHAPITRE 12 : L'embargo et le boycott contre les musulmans et les décès de Abou Talib et Khadîdja (RAA)

Les mécréants de toutes les autres grandes familles se réunirent ensemble où ils signent un pacte contre la grande famille du Prophète (SAW) les descendants de Hashim et **Al Moutalib**. Ils s'engagèrent à rompre tout avec eux comme les affaires, les mariages, les visites, le commerce et toute communication afin qu'ils livrent **Muhammad** (SAW). Ils écrivirent leur embargo sur un parchemin qu'ils accrochent à l'intérieur de la Ka'aba. Ainsi, les descendants de Hashim et **Al Moutalib** sauf **Abou Lahab** s'assemblèrent tous sous la responsabilité de **Abou Talib** à la veille de la 7è année de la Révélation. Les mécréants achetèrent toutes les nourritures entrant à la Mecque pour que la grande famille du Prophète (SAW) ne puisse rien acheter à manger. La grande famille du Prophète (SAW) n'avait rien à manger si ce n'est pas les feuilles des arbres et des peaux d'animaux. Les enfants et les femmes crièrent de faim. C'est seulement les 4 mois sacrés qu'ils ont l'occasion d'aller acheter les vivres et des marchandises provenant de l'extérieur. Malgré cet embargo injuste, **Muhammad** (SAW) et les musulmans continuaient à prêcher aux pèlerins.

La grande famille du Prophète (SAW) a vécu cet embargo durant 3 années entières. Il faut noter que même au sein des mécréants, certains étaient contre le boycott, mais ceux qui étaient pour étaient les plus nombreux et les plus puissants. Après 3 années passées, le Prophète (SAW) dit un miracle à son oncle **Abou Talib** que les termites ont mangé leurs manuscrits contenant l'embargo injuste accroché dans la Ka'aba sauf la partie portant le nom d'Allah. Abou Talib partit dire cela aux mécréants en ajoutant qu'il s'engageait à leur livrer **Muhammad** (SAW) si cela est faux, mais si c'est vrai, ils devraient mettre fin à leur embargo. Les Mecquois étaient contents de cette proposition et quand ils partirent regarder, ils trouvèrent que c'était exactement vrai. Ainsi, ils mirent fin au boycott et à l'embargo. La grande famille du Prophète (SAW) fut libérée de cette injustice. Cependant, **Abou Talib**, très vieux de plus de 80 ans, était tombé malade. Les mécréants se dirent que s'ils nuisent à **Muhammad** (SAW) après la mort de son père adoptif **Abou Talib**, les autres arabes les traiteraient de lâche, en disant que c'est après le décès de son père adoptif **Abou Talib** qu'ils ont finalement pu nuire à **Muhammad** (SAW). Ainsi, une délégation de 25 mécréants constitués des chefs et notables partit rencontrer **Abou Talib** alors qu'il était très malade. Celui appela son neveu **Muhammad** (SAW) qui répond aux mécréants : « *Que pensez-vous si je vous donne une seule parole qui vous fera les vainqueurs sur tous les arabes et la soumission des non arabes ?* » Les mécréants surpris et contents de cette requête attendaient impatiemment cette phrase énigmatique. **Abou Djahal** jura même de lui accorder la phrase et même 10 autres phrases. Le Prophète (SAW) dit : « Vous dites : « Il n'existe nulle autre divinité qu'Allah », et abandonnez ce que vous adorez en dehors de lui. » Les mécréants furent découragés et repartirent chez eux.

Quelques mois plus tard, **Abou Talib** décéda. Selon plusieurs versions authentiques, malgré le fait qu'il s'est investi pour sauver le Prophète (SAW), il décéda mécréant en disant qu'il ne quitte pas la religion de son père (animiste), cependant, d'autres versions existent faisant croire qu'il est devenu musulman avant sa mort, car il insistait aux mécréants d'accepter la phrase du Prophète (SAW), ce qui veut dire que lui-même l'a déjà accepté sinon il n'allait pas leur demander. Allah exalté est le plus grand connaisseur.

Deux ou trois mois après le décès de son oncle, une autre grande épreuve toucha le Prophète (SAW) : le décès de sa femme Khadîdja qui attrista profondément **Muhammad** (SAW). Allah exalté lui a même promis son Paradis et décrit même son paradis avant qu'elle ne meure. À la même année, les mécréants accentuaient leur souffrance au Messager d'Allah, et pire même on rapporte que c'est **Abou Lahab**, le grand ennemi de Dieu, de **Muhammad** (SAW) et des musulmans qui devint le chef de la grande famille. Le Prophète (SAW) a appelé l'année même : l'année du chagrin.

Étant veuf, le Prophète (SAW) a épousé l'une des premières converties à l'Islam, elle se nomme **Sawda** (RAA). Elle avait émigré en Abyssinie avec son mari avec le 2è groupe des émigrants, mais malheureusement, son mari décéda. Quand elle revenue à la Mecque, Allah exalté lui accorda le Prophète (SAW) comme mari. Ainsi, elle était la première femme à se marier au Prophète (SAW) après le décès de **Khadîdja** (RAA).

Les épreuves contre **Muhammad** (SAW) et les musulmans se multipliaient à tel point que les musulmans demandèrent au Messager d'Allah (SAW) de demander à Dieu pour qu'Allah leur délivre. **Fatima** (RAA) croyait même qu'on allait tuer le Prophète (SAW) qui lui rassura que les mécréants ne pourront rien faire à son père.

Tellement que les mécréants font leur torture vis à vis, le Prophète (SAW) leur prédisait leur mort prochaine (beaucoup effectivement sont morts à la bataille de Badr). Un grand mécréant **Oumayya Ben Khalaf** à qui le Prophète (SAW) a prédit sa mort prochaine ne voulait pas participer à la bataille de Badr à cause de la prédiction du Prophète (SAW), mais il fut obligé par **Abou Djahal** alors que sa femme lui avait interdit. Il a voulu fuir mais son destin l'a attrapé et il a été envoyé en Enfer durant cette bataille. Un autre grand et puissant mécréant nommé **Oubay Ben Khalaf** a menacé le Prophète (SAW) de mort, et le Prophète (SAW) lui a prédit que c'est plutôt lui qui va le tuer avec la volonté de Dieu. Il s'était moqué du Prophète (SAW). À la bataille de Ouhd, il s'approcha de **Muhammad** (SAW) pour le tuer et le Prophète (SAW) a pris une épée et gifla l'ennemi d'Allah exalté. Il retourna chez ces gens et mourut. On raconte que c'est la seule personne que le Prophète (SAW) a tuée de sa main de son vivant. Compte tenu de l'incrédibilité des Mecquois, le Prophète (SAW) essaya de sortir pour aller appeler les gens de l'extérieur de la Mecque à la Mecque. Il commença par taïfa.

CHAPITRE 13 : Le Prophète (SAW) à Taïf et chez d'autres tributs arabes

Au même mois où il s'est marié avec **Sawda** (RAA), Le Prophète (SAW) et son fils adoptif **Zayd** (RAA) se rendit à pieds à Taïf à environ 100 km de la Mecque pour appeler les habitants à l'Islam. Il invita à l'Islam chaque tribu qu'il rencontrait, mais aucune n'a accepté l'Islam. Arrivé à Taïf, il alla voir 3 chefs qui sont des frères. Ceux-ci refusèrent son message et même se moquèrent de lui. Il resta avec son fils adoptif **Zayd** (RAA) pendant 10 jours à Taïf où il invita les nobles de la ville, mais ceux-ci refusèrent son message, le chassèrent de la ville et même soulevèrent une foule contre lui. Sur la rue, les foules se sont divisées en 2, une à gauche et l'autre à droite en train de lui lancer des cailloux et pierres en l'insultant. Tous ses pieds étaient couverts de sang, le sang coulait derrière lui en marchant. Son fils adoptif **Zayd** (RAA) essaya de le couvrir avec son corps, lui aussi est blessé de sa tête. Les misérables continuèrent de les lapider jusqu'à ce qu'ils trouvèrent un asile. Ce fut le jour le plus pénible de la vie du prophète (SAW) même plus pénible que ce que vit le Prophète (SAW) à la bataille de Ouhd qu'on verra dans la suite Incha Allah. Lors d'un repos où le Prophète (SAW) récitait le Coran, un groupe de génies écoutèrent ces paroles sans qu'il ne se rende compte. Ce groupe de génies se convertit tous à l'Islam et partirent transmettre le Message à d'autres génies qui se convertirent aussi. Le Prophète (SAW), le cœur brisé et triste, décida de retourner à la Mecque lorsqu'en cours de route l'Ange **Djibril,** Paix sur lui, et l'Ange des Montagnes descendirent et demandèrent d'écraser la Mecque sur ses habitants si le Prophète (SAW) le voulait car son peuple l'a trop torturé et la Mecque était entourée de 2 grandes Montagnes. Mais le Prophète (SAW) a dit plutôt qu'il souhaiterait qu'Allah exalté fasse sortir d'eux des descendants qui adoreront Allah exalté seul et sans rien lui associer. Soubhanallah, des gens qui l'ont torturé, l'ont fait souffrir et même faillirent le tuer et les Anges vinrent pour se venger d'eux, le Prophète (SAW) refusa la vengeance et souhaita au contraire le bien de leurs descendances si jamais eux ils refusent.

Quand le Prophète (SAW) et son fils adoptif **Zayd** (RAA) s'approchèrent de la Mecque, ils ont demandé la protection d'un

Chef de la Mecque pour pouvoir rentrer. On note que 2 chefs avaient refusé leur demande avant que celui-ci ne leur accepte.

Le Prophète (SAW) arriva à la Mecque au moment du pèlerinage où les gens étaient occupés à faire le pèlerinage (idolâtre) ou à faire des affaires bénéfiques. Le Prophète (SAW) profita rencontrer les tribus pèlerines une après l'autre pour leur proposer l'Islam. Cependant aucune tribu n'a accepté, mais cela a poussé la discussion sur l'Islam chez beaucoup d'arabes.

Si aucune tribu n'a accepté, il y'a des pèlerins de façon individuelle qui ont accepté le Message de Dieu exalté. Parmi les convertis pèlerins, il y'a **Souwayd** (RAA) un grand poète de Yathrib (ancien nom de Médine) et **Iyas Ben Mouaz** (RAA),

un adolescent de Yathrib.

Abou Zharr (RAA) qui habitait dans les faubourgs (genre banlieue ou périphérique) de Yathrib a entendu la rumeur, il a envoyé son frère à la Mecque pour aller enquêter sur **Muhammad** (SAW), ce frère vint avec un résultat insuffisant et lui-même décida de partir à la Mecque et son enquête l'a emmené à se convertir à l'Islam. Le lendemain, il sort à la Ka'aba et cria très haut : « Oh gens de Khouraych ! J'atteste qu'il n'existe nulle autre divinité qu'Allah et j'atteste que **Muhammad** est son Serviteur et Prophète. » Les mécréants se jetèrent sur lui et le battre violemment. Ils faillirent le tuer sans l'intervention d'un oncle du Prophète (SAW) **Abbas** (RAA) qui était encore mécréant. **Abbas** (RAA) lui défendit et demanda aux mécréants de ne pas le tuer, car sa tribu habite à la croisée des chemins pour le commerce. Sa grande famille pourrait se venger en sabotant leur commerce. Le lendemain, **Abou Zharr** (RAA) fit la même chose à la Ka'aba et eurent les mêmes tortures et la même intervention de **Abbas** (RAA). La même scène se reproduit encore une 3è fois. **Toufayl** (RAA) était un chef d'une tribu au Yémen. Il était un homme honorable et grand poète. Quand il est venu à la Mecque à la 11è année de révélation, les Mecquois lui firent un très bon accueil et lui dirent de ne pas s'approcher du Prophète (SAW), en lui faisant croire que sa Parole est comme de la magie. Et lui, il a même mis du coton dans ses oreilles pour ne pas écouter la Parole du Prophète (SAW). Quand il a vu le Prophète (SAW) prier, il s'est rapproché de lui toujours avec du coton dans ses oreilles. Après il s'est dit que lui en tant que grand poète s'est distingué ce qui est bien du mal. Il a enlevé le coton dans ses oreilles et a suivi le Prophète (SAW) dans sa maison et après qu'il lui récita quelques versets, **Toufayl** (RAA) sut directement que cela venait de Dieu exalté et se convertit aussitôt. Quand il est rentré au Yémen, il a fait convertir toute sa tribu composée d'entre 70 ou 80 familles qui émigrèrent après l'hégire à Médine. Ce fut vraiment une grande conversion de masse à l'Islam. **Doumad Al-Azdi** (RAA) et sa tribu s'étaient établi au Yémen. Il était un grand guérisseur qui soignait même les fous. Comme on raconte que le Prophète (SAW) était fou, il partit dans le but de le soigner. Les mécréants lui disent de ne pas s'approcher de lui mais il insista que c'est sa mission de soigner les fous. Il alla voir le Prophète (SAW) et lui proposa de le traiter avec des incantations. Le Prophète (SAW) lui répond avec la louange de Dieu exalté, l'unicité de Dieu et l'appel à Dieu unique, à l'Islam » Le guérisseur demande au Prophète (SAW) de répéter et il a répété. Il lui a demandé une 3è fois et il a répété. **Doumad** (RAA) s'est dit qu'il a déjà entendu les paroles des devins, des magiciens et des poètes, mais il n'avait jamais entendu des paroles semblables à ça. Ainsi, il s'est converti à l'Islam. Ces conversions donnaient de l'espoir aux musulmans pour l'avenir de l'Islam, mais le tournant décisif de l'Histoire de l'Islam est venu au pèlerinage de la 11è année quand le Prophète (SAW) rencontra un groupe de 6 jeunes hommes venus de Yathrib (ancien nom de la ville de Médine)

CHAPITRE 14 : Rencontre avec les gens de Yathrib (ancien nom de Médine)

Pendant la période du pèlerinage de la 11è année de la Révélation, le Prophète (SAW) rencontra 6 jeunes hommes venus de Yathrib (ancien nom de la ville de Médine) qui appartiennent tous de la tribu de Khazradj. À Yathrib, il y avait deux tribus ennemies qui se luttaient incessamment : les Khazradj et les Aws. Les 6 hommes rencontrés faisaient partie des Khazradj. À Yathrib (Médine), il y avait également des juifs qui avaient prédit la venue d'un Messager de Dieu dans cette ville. Ainsi, quand le Messager de Dieu (SAW) les a appelés à l'Islam en leur récitant le Coran, ces 6 jeunes se sont dits en eux même que c'est bien le Messager d'Allah que les juifs avaient prédit. Ces 6 jeunes se convertirent tous à l'Islam. Au retour à Yathrib (Médine), ils prêchèrent l'Islam et parlèrent du Prophète (SAW) dans chaque maison de la ville.

5 de ces 6 jeunes de Yathrib sont encore revenus à la Mecque l'année suivant (à la 12è année de la Révélation) avec 7 autres hommes de Yathrib formant en tout 12 personnes dont 10 personnes de la tribu de Khazradj et 2 personnes de la tribu des Aws. Ces 12 hommes prêtèrent serment d'allégeance au Prophète (SAW).

Il faut noter qu'à la 11è année de la révélation, entre le retour des 6 Médinois dans leur ville et la venue des 12 Médinois, 2 évènements étaient passés :

1erévènement : Le Prophète (SAW) s'est mariée avec **Aïcha** (RAA), fille de **Abou Bakr** (RAA) comme 2ème femme. Plusieurs versions montrent qu'elle avait 6 ans, mais c'est 3 ans après le mariage que le Prophète (SAW) a consommé le mariage à Médine.

2èmeévènement : Allah exalté a invité spécialement le Prophète (SAW) dans les 7 cieux en passant par la mosquée de Aqsa de Jérusalem (cette partie fera l'objet du prochain chapitre, le 15ème

45

Après le serment d'allégeance, le Prophète (SAW) envoya avec ces gens un jeune musulman pour leur apprendre l'Islam et les aider à propager l'Islam parmi les mécréants. Ce jeune musulman avait un grand savoir et était l'un des premiers à se convertir, il se nommait **Mous 'ab Ben Oumayr** (RAA). Rappelez-vous que c'est bien ce jeune garçon venant d'une famille riche envié par tous les garçons et qui a été puni et chassé de sa famille pour vivre dans la souffrance à cause de sa conversion à l'Islam. La mission de **Mous'ab** (RAA) aidée par les Médinois qui ont prêté serment d'allégeance au Prophète (SAW) se produit bien. Ils convertirent beaucoup de personnes y comprirent beaucoup de chefs. Ils ont fait convertir à l'islam tous les arabes de Yathrib (Médine) sauf seulement 2 ou 3 clans en l'espace d'une année, Allah   Akbar.

Mous'ab (RAA) retourna à la Mecque avec la bonne nouvelle avant la période du pèlerinage. Pendant la période du pèlerinage, plus de 70 musulmans de Yathrib se mélangèrent aux pèlerins mécréants pour venir à la Mecque. En fait, les musulmans de Yathrib (Médine) se souciaient de la vie du Prophète (SAW) à la Mecque. Comme ils savaient que les mécréants de la Mecque sont très mauvais, ces hommes de Médine se sont cachés en se mélangeant aux pèlerins pour venir à la Mecque. À la Mecque, ils ont établi des contacts très discrets avec le Prophète (SAW) qui aboutirent à un rendez-vous confidentiel de 3 jours loin des gens pendant la période du pèlerinage. Ces 70 hommes prêtèrent serment au Prophète (SAW) à la pratique de la religion, à se faire la paix entre eux (en fait les 2 grandes tribus arabes Khazradj et Aws de Médine ne s'entendaient pas avant), mais aussi pour défendre l'Islam et aussi à accueillir le Prophète (SAW) chez eux et les musulmans. Ils serrèrent la main du Prophète (SAW) pour le serment. On raconta que 2 femmes faisaient partie du serment d'allégeance. Elles ont fait leur serment sans serrer la main du Saint Prophète (SAW). Les Médinois ont écrit les serments sous forme d'articles.

Le Messager d'Allah (SAW) nomma parmi les 70 hommes, 12 représentants dont 9 de la tribu des Khazradj et 3 de la tribu des Aws. Il signa encore un autre pacte avec ces représentants. Au moment de finir la réunion sécrète et de se quitter, un mécréant Khouraych de la Mecque les découvrit et monta aussitôt sur une montagne et avertit les mécréants de la Mecque de la réunion en criant fort et en mentant que le Prophète (SAW) fit une réunion pour les combattre. Quand les mécréants entendirent cela, un Médinois musulman faisant parti de la réunion dit au Prophète (SAW) qu'ils peuvent les combattre, mais le Prophète (SAW) lui dit que Dieu exalté ne leur a pas encore donné l'ordre de combattre. Il dit à ses Médinois d'aller dans leurs camps. Les mécréants demandèrent aux pèlerins mécréants de Médine l'exactitude de la parole. Ces mécréants de Médine, ignorant la réunion sécrète, démentirent l'information. Les mécréants retournèrent chez eux et les Médinois aussi retournèrent dans leur ville. Mais les mécréants restèrent sceptiques et continuèrent de fouiller. Ainsi, Allah exalté a préparé le terrain une ville pouvant accueillir les musulmans et l'Islam.

CHAPITRE 15: Le voyage nocturne du Prophète (SAW)

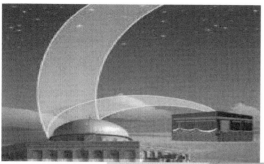 Après avoir vécu un embargo injuste avec sa famille pendant trois ans, suivie d'une année de chagrin où il perdit son père adoptif qui avait consacré beaucoup d'années à le protéger  jusqu'à sa mort, il perdit ensuite sa femme, celle qui lui a pris pour époux, cru à son Message avant même qu'il ne reçoit l'ordre de transmettre et le soutenu. Encore, après avoir été subi toutes sortes de torture à la Mecque et subi son pire moment de l'existence à Taïf, l'espoir renait avec la conversion des étrangers et surtout d'un groupe de jeunes d'une ville qui promit de transmettre l'Islam dans toute leur ville. Après tout cela, Allah exalté lui fit voir des merveilles qu'aucun être vivant avant et après lui n'a jamais vu et ne verra pas. Selon la version la plus populaire, ce fut la nuit du 27 Radjab que le Prophète (SAW) fut transporté sur le dos de Bouraq (un animal

mi cheval, mi âne) en compagnie de l'Ange **Djibril,** Paix sur lui. D'abord, dans la nuit, ils ont voyagé de la mosquée Al Haram (contenant la Ka'aba) de la Mecque à la mosquée Aqsa de Jérusalem où il descendit et fit une prière. Dans la même nuit, le Prophète (SAW) fut élevé de la mosquée Aqsa de Jérusalem en traversant tous les 7 cieux dont l'Ange **Djibril**, Paix sur lui, lui ouvrit les accès. Au 1er ciel, il y vit le Père de l'humanité **Adam,** Paix sur lui. Au 2eme ciel, il vit les prophètes **Yahya** (Jean Baptiste) et **Issa** (Jésus), Paix sur eux. Au 3eme ciel, il vit le Prophète **Youssouf** (Joseph), puis **Idris** au 4eme et **Haroun**, frère de **Moussa** (Moïse) au 5eme. Paix sur eux. Il rencontra **Moussa** (Moïse) au 6eme et **Ibrahim** (Abraham) au 7eme. Paix sur eux. Le Prophète (SAW) et les Prophètes se saluèrent à chaque rencontre. Ensuite, il est monté vers le Tout Puissant. Il vit plusieurs merveilles, le Paradis et ses fleuves, l'Enfer et son gardien **Malik** qui ne sourit jamais. Il vit les détourneurs des biens des orphelins qui se torturaient eux même avec le feu. Il vit les usuriers (ceux qui utilisent ou mangent de l'intérêt usuraire) avec de gros ventres les clouant au sol où les gens de Pharaon marchent sur eux en allant en enfer. Il vit aussi les femmes attribuant à leurs époux des imbéciles (enfants qu'elles ont eu par l'adultère en trompant leurs maris) suspendues par leurs seins. Allah exalté a donné au Prophète (SAW) 50 prières obligatoires, mais au retour, le Prophète **Moussa** (Moïse), Paix sur lui, lui dit d'aller demander à Allah exalté de diminuer. Après diminution,

Moussa, Paix sur lui, lui dit encore d'aller diminuer. Après quelques va-et-vient, il ne restait que 5 et **Moussa**, Paix sur lui, lui demanda encore de diminuer, mais le Prophète **Muhammad** (SAW) lui dit qu'il a honte d'aller demander de diminuer encore. En fait, Allah exalté savait que ça serait 5 prières, mais c'est juste pour nous faire savoir que les 5 prières sont des grandes faveurs, car la grâce d'Allah exalté ne peut pas être compensée même par 100 prières par jour. À partir de ce voyage nocturne, ces 5 prières sont devenues obligatoires pour tout musulman adulte. On avait dit que la prière était descendue sur le Prophète (SAW) dès les premiers moments de la révélation, mais ce n'était pas obligatoire à ce moment et la manière de faire différait un peu. Mais après ce voyage nocturne, les 5 prières sont devenues obligatoires par jour. Sur son chemin, à l'aller comme au retour, il rencontra une caravane de Mecquois.

Au lendemain de son voyage, quand il informa les gens de son voyage et ce qu'il a vu, les mécréants le traitèrent de vrai fou cette fois-ci. On lui demande de décrire la mosquée de Aqsa si réellement il a voyagé (alors que ce n'est pas parce qu'on a voyagé et prier dans une mosquée qu'on retient tous les détails de la mosquée) et Allah exalté lui montra en même en image (que les autres ne voient pas) la mosquée avec les détails. En rapportant ces détails, cela renforça la foi des musulmans, mais les mécréants restent toujours dans leur désobéissance. Il parla également de la caravane qu'il a vu et préciser le jour de son arrivée, ce qui fit réellement passer, mais les mécréants restent toujours dans leur mécréance.

Les mécréants partent informer **Abou Bakr** (RAA) qui a toujours cru au Prophète (SAW) pour montrer que cette fois-ci son grand ami **Muhammad** (SAW) a menti. Ils se disent que cette fois-ci, **Abou Bakr** (RAA) ne va pas le croire. Quand on lui en informe, il dit immédiatement que c'est vrai. C'est ainsi, Allah exalté a permis de surnommer **Abou Bakr** (RAA), As-Siddiq qui veut dire le Véridique.

CHAPITRE 16 : Hégire des musulmans et la décision ultime des mécréants de tuer le Prophète (SAW)

Allah exalté a préparé (comme on l'a vu à la 14è partie) la ville de Yathrib, non seulement pour accueillir les musulmans, mais aussi pour propager sa religion. Auparavant, le royaume d'Abyssinie a accueilli les musulmans, mais pas un centre de propagation de la religion. Le roi d'Abyssinie (Éthiopie) qui a accueilli les musulmans s'était converti à l'Islam en cachette, car il risquait d'être destitué si on apprenait qu'il était devenu musulman, mais son peuple demeura des chrétiens. À Taïf, eux ils ont refusé l'Islam, chassa le Prophète (SAW) et même le lapidèrent de cailloux. Cependant, Yathrib a accepté les musulmans et l'Islam. Cela lui a fait devenir un centre de propagation de la religion. Ainsi, Allah exalté autorisa les musulmans à émigrer. Ces musulmans ont abandonné leurs biens non transportables, leurs demeures, leurs villes natales uniquement que pour la religion. Cependant, la tâche ne fut pas facile, car les mécréants ne veulent pas les laisser partir. Cela fut difficile pour certains. Certains compagnons ont été empêchés par les Mecquois, d'autres ont vu leur femme et enfant retirer. Après 2 mois, presque tous les musulmans ont quitté la Mecque pour Yathrib sauf **Muhammad** (SAW), **Abou Bakr** et **Ali** (RAA) ainsi que ceux qui ont été empêchés par les mécréants. Quant à son grand ami **Abou Bakr** (RAA) et son cousin **Ali** (RAA) considéré comme son frère, c'est le Prophète (SAW) qui leur avait ordonné de rester d'abord. Le Prophète (SAW) devait régler les affaires des gens et attendre l'autorisation d'Allah exalté.

Quand les mécréants apprirent le départ des musulmans avec leur famille, ils ont fait une réunion d'urgence un jeudi 26 Safar de la 14ème année de la révélation afin de tuer le Prophète (SAW) avant qu'il ne parte. Les représentants de tous les clans de la Mecque furent présents sauf le clan de la grande famille du Prophète (SAW). Satan, se transforma en un vieillard se disant représentant d'une tribu hors de la Mecque, demanda à participer à la réunion et il a été accepté.

La réunion commença, un mécréant propose qu'ils chassent **Muhammad** (SAW) sans rien se soucier de lui et ils vivront et pratiqueront leur religion tranquillement. Satan qui s'est transformé en vieil homme dit que c'est une mauvaise idée en disant que s'il est chassé, il pourra convertir des gens à l'extérieur et viendront les attaquer. Un autre mécréant dit de l'enchaîner et de l'emprisonner. Satan dit encore que c'est une mauvaise idée que car s'il est emprisonné, ses compagnons viendront faire la guerre jusqu'à la mort pour le libérer et cela pourrait devenir compliqué pour eux. Ainsi **Abou Djahal,** un grand mécréant, proposa qu'on choisisse un jeune homme noble et robuste de chaque clan en leur donnant une épée très tranchante. Ils le tueront en même temps et simultanément. Alors, la grande famille du Prophète (SAW) ne pourrait pas se venger, car ils ne pourront pas se venger de tous les clans en même temps. Tout le monde approuva cette idée de même que Satan. L'Ange **Djibril,** Paix sur lui, informa le Prophète (SAW) du plan des mécréants et lui demanda d'émigrer. Le Prophète (SAW) se cacha et partit voir **Abou Bakr** (RAA) pendant la journée pour décider du plan de voyage. Il revint chez lui avant la fin de la journée. Les grands mécréants n'ont plus choisi les jeunes, mais c'est eux même en personne au nombre de 11 avec leurs épées qui sont partis entourés la maison du Prophète (SAW) afin de le tuer. Parmi eux, il y avait **Abou Djahal, Abou Lahab, Oumayya Ben Khalaf.** Ils ont fixé l'heure de l'attaque après minuit. Le Prophète (SAW) demanda à **Ali** (RAA) de dormir sur son lit et de se couvrir avec son drap en lui rassurant que rien de grave ne lui arrivera. Il sortit sans que les mécréants ne le voient et même mit du sable sur la tête de chacun et personne d'entre eux ne s'y rende compte et partit chez **Abou Bakr** (RAA) pour émigrer. Quand il est parti, un passant demande aux mécréants ce qu'ils font là-bas, ils dirent qu'ils veulent tuer le Prophète (SAW). Le passant leur dit qu'il est passé devant vous et a mis du sable sur vos têtes. Les mécréants virent le sable sur leur tête, mais ils regardent par la fenêtre et voient **Ali** (RAA) se coucher sur le lit croyant que c'est **Muhammad** (SAW) et ils attendirent. Après au moment de le tuer, ils s'aperçurent que ce n'était pas lui, mais son cousin **Ali** (RAA). Ces mécréants sortirent humiliés et avec honte. À ce moment, le Prophète (SAW) avait déjà pris de l'avance avec **Abou Bakr** (RAA). Ainsi débuta l'hégire du Messager d'Aller (SAW). Cependant, ces mécréants ne baissèrent les bras, ils le poursuivirent et proposèrent une grosse somme à celui qui l'attrapera.

CHAPITRE 17 : Hégire du Prophète (SAW).

Le Messager d'Allah (SAW) et **Abou Bakr** (RAA) sachant que les mécréants allaient les poursuivre, prirent le chemin opposé. Au lieu de prendre la voie du Nord, ils prirent la voie du Sud jusqu'à une caverne d'une montagne où ils se reposèrent. Ils restèrent dans la caverne 3 nuits (*vendredi, samedi et dimanche*). **Abdoullah, fils de Abou Bakr,** (RAA), était un garçon très intelligent. Il se cacha pour venir raconter les complots des mécréants contre eux. Un berger musulman **Amr Ben Fahira** qui était leur servant pour le voyage, amena du lait au Prophète (SAW) et à **Abou Bakr** (RAA) et reparti avec son troupeau après le fils de Abou Bakr (RAA) pour que les empreintes de son troupeau effacent les empreintes humaines du fils de **Abou Bakr** (RAA).

Les mécréants furent très furieux, d'abord ils battirent violemment **Ali** (RAA), le traînèrent puis l'enfermèrent pendant des heures pour qu'ils puissent dire où se trouve le Prophète (SAW), mais il ne leur dit pas. Ensuite, les mécréants partirent chez **Abou Bakr** et trouvèrent sa fille **Asma** (RAA), celle-ci refusa de leur dire. **Abou Djahal** qui n'a aucune pitié même envers les femmes, gifla violemment **Asma** (RAA), mais elle aussi refusa de leur dire. Ainsi, les mécréants installèrent des barrages armés partout et proposèrent de donner 100 chameaux sur chacun des 2 hommes (**Muhammad** (SAW) et **Abou Bakr** (RAA)) pour celui qui les ramènera vivants ou morts. Beaucoup de cavaliers furent mobilisés et ils cherchèrent partout même dans les sens opposés jusqu'à ce qu'ils soient retrouvés à la porte de la caverne où se trouvèrent le Prophète (SAW) et son grand ami **Abou Bakr** (RAA). C'est alors qu'ils virent un oiseau avec des toiles d'araignée devant la porte. Pour ne pas perdre leur temps, ils n'ont même pas vérifié à l'intérieur car se disent-ils que les toiles d'araignée et l'oiseau ne pourraient être là à la présence des gens. Le Prophète (SAW) et **Abou Bakr** (RAA) avaient engagé un guide à qui ils avaient confié leurs montures pour 3 jours. Ce guide vint les trouver avec les montures et les emmena dans une voie très peu fréquentée. **Asma** (RAA), la fille de **Abou Bakr** (RAA) est venue leur donner des provisions de voyage. Ils firent le chemin avec leur servant berger qui leur donnait du lait. **Souraqa Ben Malik** était parmi ceux qui pourchassèrent le Prophète (SAW) et **Abou Bakr** (RAA) dans le but d'avoir la grosse récompense. Un homme, ayant aperçu le Prophète (SAW) et **Abou Bakr** (RAA), mais ne les connaissant pas, eut des doutes. Il vint raconter chez les gens en présence de **Souraqa Ben Malik.Souraqa** sut que c'était eux, mais dans le but de s'accaparer seul la récompense, ils disent que ce n'est pas eux et laissèrent les autres cavaliers dans le mauvais sens, et lui, il prit la vraie direction en vue de capturer seul le Prophète (SAW) et **Abou Bakr** (RAA). Il s'est rapproché discrètement d'eux de telle sorte qu'il entendait la récitation du Coran par le Prophète (SAW) et juste au moment, les pattes de devant de son cheval s'enfoncèrent au sol jusqu'aux genoux et il fut tombé de son cheval. Il se leva et redressa son cheval et essaya de les attraper. Selon une version, il tenta 3 fois et son cheval s'enfonça à chaque fois qu'il veut les attraper. Finalement, il sut qu'ils reçurent de la protection divine, il abandonna l'idée de les attraper et fit la paix avec eux. Ils retournèrent en promettant de ne pas divulguer leur trajet. Le Prophète (SAW) et **Abou Bakr** (RAA) rencontrèrent un chef de clan **Abou Bourayda** qui était motivé par les récompenses. Mais après juste quelques conversations entre eux, il se convertit à l'Islam et fit convertit 70 hommes de son clan. Ils rencontrèrent d'autres histoires en cours de route. Dès qu'ils sont proches de Yathrib, la rumeur circula partout dans la ville qu'ils sont sur le point d'arriver. Ainsi, chaque jour, une grande foule se rassembla à l'entrée de la ville pour l'attendre, mais ne les vit pas. Un jour, après que la foule soit rentrée à la maison sans les voir, un jeune juif monta sur un grand arbre pour ses affaires, il aperçut le Prophète (SAW), **Abou Bakr** (RAA) et leur servant. Il crie en disant qu'ils arrivent. Très heureux, presque tout le monde est sorti pour les rencontrer en leur accordant un chaleureux accueil. Le Prophète (SAW) fit escale à Qouba où il construit une mosquée avant de continuer à Yathrib. **Ali** (RAA) était resté à la Mecque 3 jours afin de rendre aux gens de la part du Prophète (SAW) les dépôts qu'ils l'avaient confiés. Soubhanallah, regardez la sincérité. Même quand les mécréants faisaient souffrir le Prophète (SAW), ils continuaient à lui confier leur richesse à garder pour son honnêteté. Le Prophète (SAW), même en partant, a tenu à leur rendre leurs dépôts. Des gens qui ont failli te tuer alors que tu gardais leur richesse, mais le Prophète (SAW) donna quand même leur richesse : ça c'est la vraie sincérité.

Le Prophète (SAW) rentra à Yathrib. Les gens chantèrent les louanges et glorifications de Dieu pour son accueil. Les habitants décidèrent de rebaptiser le nom de la ville en disant Madinatoul Ar Rassoul qui veut dire la ville du Messager d'Allah et ça été abrégé à Médine. Tout le monde voulait que le Prophète (SAW) habite dans sa cour, mais le Prophète (SAW) a laissé sa chamelle qui s'est avancée elle seule jusqu'à s'arrêter puis s'accroupir sur un terrain. Là-bas, ils ont construit la mosquée de Médine ou appelée Mosquée du Prophète (SAW). Le Prophète (SAW) habitait juste à côté.

Quelques jours après, l'épouse du Prophète (SAW) **Sawda** (RAA) le rejoignit à Médine avec **Fatima, Oum Khoulsoum** (2 filles du Prophète (SAW)), le fils du fils adoptif du Prophète (SAW) **Oussama Ben Zayd,** l'ex servante de la mère du Prophète (SAW) **Oum Ayman,** qu'Allah les agrée tous. **Abdoullah,** fils de **Abou Bakr** (RAA) vint avec sa sœur **Aïcha** (RAA). Les familles se retrouvèrent à Médine et le Prophète (SAW) a fait des douas (bénédictions) pour que Médine plait aux musulmans émigrés de la Mecque comme la Mecque les plaisait.

18è partie : Le début de la vie à Médine

À Médine, il y avait de l'harmonie. L'Islam était considéré comme la religion d'État dirigée et enseignée par le Prophète (SAW). Dans la communauté musulmane, il y avait les autochtones nommés Ançars, les émigrés de la Mecque nommés les Mouhadjirines. Même si l'Islam est la religion d'État, il y avait qu'en même des animistes qui étaient très minoritaires. Mais parmi eux, se trouvaient un grand groupe d'hypocrites qui se disent musulmans pendant la journée et pendant la nuit, ils se trouvent entre eux pour comploter contre les musulmans. Ils tissaient des relations secrètes avec les mécréants de la Mecque. Il y avait également des juifs qui étaient divisées en 3 tribus. Certains juifs comme **Abdoullah Ben Salam** (RAA) se sont convertis en Islam. D'autres sachant très bien que **Muhammad** (SAW) est le Prophète attendu, mais refusèrent de devenir musulmans, car ils voulaient que le Prophète (SAW) soit sorti dans leur communauté. Beaucoup d'entre eux avaient de la rancune contre les musulmans. Ils étaient les plus grands hommes d'affaire de la ville. Après la construction de la mosquée, l'Azhane (appel à la prière) fut instauré et c'est **Bilal** (RAA) qui fut le premier à faire l'Azhane. Le Prophète (SAW) fraternisa les émigrés de la Mecque et les Ançars de Médine. Chaque Ançar décida de partager sa richesse en part égale avec les émigrés. Certains polygames même décidèrent de divorcer avec une de leurs épouses pour donner en mariage aux émigrés célibataires. Cependant, beaucoup d'émigrés demandèrent seulement à travailler ou à leur montrer comment travailler chez eux ou à leur montrer seulement le marché. **Abdourahmane Ben Awf** (RAA) est venu de la Mecque étant célibataire et n'avait pas d'argent. Il fut fraternisé avec **Saad Ben Rabi** (RAA) un Ançar très riche et qui avait 2 femmes. L'Ançar divisa sa richesse en 2, puis demanda à **Abdourahmane Ben Awf** (RAA) de prendre une part et de choisir une de ses 2 épouses pour qu'il divorce avec elle et la fait épouser à son frère Mecquois. Mais **Abdourahmane Ben Awf** (RAA) refusa tout et demanda à **Saad** de lui montrer seulement le marché. **Abdourahmane** (RAA) travailla et gagna de l'argent, puis épousa une femme de son argent et après il est devenu le plus riche de la ville. Le Prophète (SAW) fit une charte de 16 articles entre les croyants de la Mecque pour le fondement, la fraternité et l'entraide de la société islamique de Médine. Le Prophète (SAW) signa aussi un pacte de 12 articles avec les Juifs où musulmans et juifs de Médine sont alliés entre eux, se donnent des conseils, coupent toute relation avec les ennemis d'un des 2 groupes et leurs ennemis communs, doivent se lutter main à main contre les adversaires, mais chaque groupe religieux gère sa religion et son adoration indépendante et gère son argent de façon indépendante. Mais la suite, les juifs qui gardent toujours une rancune contre le Prophète (SAW) ne tardent pas à les trahir.

Par ailleurs, tout n'est pas aussi rose chez les musulmans à Médine, car la haine des Khourayches de la Mecque s'est augmentée. Ils cherchaient toujours des stratégies à tuer les musulmans même vivant ailleurs. Comme on le verra dans la suite, la vie à Médine est tout sauf tranquille, les musulmans devaient se défendre et Allah exalté va leur autoriser de se battre pour se défendre. Ainsi, leur vie à Médine sera pleine de guerres saintes face aux oppresseurs.

Les mécréants Khourayches de la Mecque ont contacté un hypocrite médinois **Abdoullah Ben Oubayd** de regrouper son groupe d'hypocrites afin d'aller assassiner le Prophète (SAW) et certains compagnons, mais Allah exalté en a informé leur plan au Prophète (SAW) qui appela le chef hypocrite **Abdoullah Ben Oubayd** et lui parla de son plan d'assassinat. À ces mots, les autres membres hypocrites ont renoncé par peur. Mais cela n'a pas empêché les Khourayches de continuer leur stratégie d'assassinats, pourtant, ils doivent passer près de Médine pour leur commerce en Syrie. Pour les intimider, le Prophète (SAW) envoya des troupes comme leurs caravanes de commerce. Les autres caravanes passent sans problèmes, mais c'est surtout les caravanes des Khourayches de la Mecque (qui ont torturé, fait souffrir, fait affamer et tué des musulmans à la Mecque) qui sont visées. Ainsi 8 troupes ont été envoyées, le Prophète (SAW) lui-même faisait partie de certaines troupes. Dans toutes les troupes, il n'y a eu ni pillage de commerce, ni combat, juste des intimidations de leurs agresseurs d'hier sauf la 8è troupe. C'est dans la 8è troupe qu'une caravane mécréante de Khouraych de 5 personnes fut attaquée et un d'entre les mécréants fut tué. Le Prophète (SAW) a blâmé les musulmans de la troupe pour ça. Cela a encore augmenté de la haine vis à vis des mécréants et beaucoup de précautions pour leur commerce. Mais ils étaient avertis dans leur commerce de la Syrie de passer près de Médine. C'est ainsi qu'une grande caravane de commerce avec beaucoup de fortunes des Mecquois dirigée par **Abou Soufyane**, bien que avertis, décida de passer devant Médine pour aller en Syrie. La caravane était perdue de la vue des musulmans, mais les musulmans restèrent attentifs à son retour. Mais Allah exalté allait destiner aux musulmans pas trop armés, non pas la caravane de retour, mais une grande armée Mecquoise à Badr où la justice faible devait se confronter à l'injustice forte.

19è partie : La bataille de Badr (1ère partie) : causes et préparatifs pour le combat

1.   Raison   de   la   bataille   Badr

Le Prophète (SAW) était sorti avec ses compagnons au nombre de 313 à la recherche de cette caravane Mecquoise dirigée par **Abou**

Soufyane. Puisqu'ils pensaient à une rencontre avec une caravane de leur ancien agresseur, ils n'étaient pas bien équipés et n'étaient même pas préparé au combat. Ils n'avaient que 2 chevaux et 70 chameaux de sorte que 2 ou 3 personnes étaient sur un seul chameau.

2.   Organisation   de   l'armée   musulmane
Le Prophète (SAW) avait donné la bannière du commandement à **Mous 'ab Ben Oumayr** (RAA) (Ce compagnon qui a été abandonné par sa mère très riche pour vivre dans la misère à cause de sa conversion à l'Islam n'est pas souvent connu dans l'histoire, pourtant c'est lui encore qui a été envoyé pour appeler les gens de Médine). Le Prophète (SAW) a divisé l'armée en 2 régiments :
- Celui des Mouhadjirines (émigrés de la Mecque) avec comme responsable   son   cousin   **Ali   Ibn   Abi   Talib**   (RAA)
- Celui des Ançars (autochtones de Médine) avec comme responsable   **Saad   Ben   Ma'az**   (RAA)
Zoubayr Ben Awamm (RAA) était chef de commandement de l'aile droite et **Al Miqdad Ben Amr** (RAA) chef de commandement de l'aile gauche, c'est eux 2 seulement qui avaient un cheval. **Kayss Ben Abou Saasa'a** (RAA) était chef de l'arrière garde. Le Prophète (SAW), lui-même était le chef suprême de l'armée.   Les   musulmans   se   dirigeaient   vers   Badr.
3.   L'armée   mécréante   se   prépare
Abou Soufyane responsable de la caravane se mit à rechercher des informations sur les musulmans. Quand il eut l'information qu'ils sont sortis à leur recherche, il envoie rapidement quelqu'un à aller

informer à la Mecque de la situation. Quand l'information est arrivée à la Mecque, tous les chefs et les braves hommes sont sortis sauf **Abou Lahab** qui a envoyé quelqu'un à sa place. Les mécréants étaient 3300 combattants avec environ 1000 chevaux (pourtant les musulmans n'avaient que 2 chevaux), de nombreux chameaux. Ils étaient bien armés et avaient pour chef de l'armée **Abou Djahal**. Cependant les mécréants de la Mecque avaient un petit problème, car ils devaient passer devant des tribus des Bani Kanana qui étaient leurs ennemis. Ils craignaient ne pas être attaqués par ces tribus derrière leur dos, mais Satan se transforma en un homme disant qu'il est le chef de ces tribus et leur assura que personne de ces tribus ne les attaquerait et qu'il ne les quitterait jamais.

4. La caravane s'échappe mais l'armée mécréante persiste au combat

Abou Soufyane, en prenant toujours des informations sur les musulmans a accourut sa caravane en diminuant les repos et passa par l'ouest loin des musulmans. Ainsi, il a fait échapper sa caravane et envoya une lettre aux Mecquois de son succès. Quand les Mecquois reçurent la lettre, certains ont demandé de retourner car l'objectif était déjà atteint, mais en réalité, pour beaucoup de Mecquois, leur objectif était de profiter finir et écraser en même temps avec le Prophète (SAW) et ses compagnons. Ainsi, **Abou Djahal** dit qu'ils ne retourneraient pas sans qu'ils n'aient vaincu les musulmans. Cependant le chef des tribus de Bani Zahra décida de retourner avec tous les membres de Bani Zahra qui étaient au nombre de 300. Les mécréants de la grande famille du Prophète (SAW) les Bani Hashim voulurent également retourner, mais ils furent empêchés par **Abou Djahal**. Ainsi, les mécréants restèrent 1000 combattants.

5. Les musulmans seront face à une armée et non à une caravane

L'information arrive aux musulmans que la caravane s'est échappée et qu'une grande armée bien équipée s'apprête à leur combattre. Le Prophète (SAW) réunit les compagnons en leur informant de la situation. Ainsi, **Abou Bakr** (RAA), **Oumar** (RAA) et **Miqdad Ben Amr (RAA)** demandèrent au Prophète (SAW) de faire ce qu'Allah exalté lui a commandé et qu'ils ne

vont jamais l'abandonner. **Saad Ben Ma'az** (RAA) dit aussi pareil au nom des Ançars. Ainsi, les musulmans continuèrent à Badr. Ils devancèrent les mécréants, se sont bien ravitaillés en eau et occupèrent tous les points d'eau. Les mécréants assoiffés se concertèrent de nouveau et certains avaient demandé de retourner à la Mecque et d'autres demandèrent toujours le combat, mais le chef Abou Djahal resta sur sa position de faire le combat. Ainsi, les deux armées se sont faits face à face pour le combat.

20è partie : La bataille de Badr (2e partie) : L'affrontement et l'après-guerre

6. Le début de la bataille : les duels (combats à mort entre 2 personnes)

Ainsi, les deux armées se sont faits face à face pour le combat. Un mécréant costaud, sauvage et impoli a soulevé son épée en disant qu'il boira l'eau gardée par des musulmans, soit il meurt. En avançant, **Hamza** (RAA) l'empêcha, il donna un coup à Hamza (RAA) sur sa jambe et **Hamza** (RAA) tomba et quand il voulut lui donner un autre coup pour le tuer, **Hamza** (RAA) se leva et lui donna violemment un coup, le mécréant tomba mort. Ensuite, 3 des meilleurs cavaliers et guerriers mécréants de la même famille **Outba ben Rabia**, son frère **Chayba** et son fils **Walid** se présentèrent et demandèrent un duel avant le début du combat. Aussitôt, 3 Ançars (médinois) dont 2 frères **Aouf** (RAA) et **Mo'awif** (RAA) ainsi que **Abdoullah Ben Rawaha** (RAA) se présentèrent pour les affronter. Les mécréants dirent à ces Médinois qu'ils ne leur sont d'aucune utilité et qu'ils veulent affronter leurs frères et cousins. Il faut noter que les mécréants de la Mecque et les musulmans émigrés de la Mecque sont issus de la famille, ils sont tous des Khourayches. De plus, on retrouve les frères, les cousins, les oncles et même des pères et fils de même famille dans les 2 camps opposés. Le Prophète (SAW) demanda alors à son oncle **Hamza** (RAA), son cousin **Ali** (RAA) et **Oubayda Ben Hareth** (RAA) de les affronter. **Hamza** (RAA) et **Ali** (RAA) tuèrent rapidement d'un coup leur adversaire comme un jeu d'enfants. C'est **Oubayda** (RAA) qui eut des difficultés, il réussit à le tuer avec l'aide de **Hamza** (RAA) et Ali (RAA), mais il fut gravement blessé et même décéda 4 ou 5 jours après le retour.

7. La confrontation et la défaite des mécréants
Les armées sont en face, les mécréants commencèrent l'attaque tandis que les musulmans se défendirent et lancèrent des flèches. Le Prophète (SAW) pria profondément et demanda à Allah exalté le secours et Allah exalté lui fit révéler des versets pour l'informer qu'il donnerait de la peur aux mécréants et aider les musulmans par un millier d'anges. Ainsi le Prophète (SAW) sortit et lança une

poignée de terre en direction des mécréants et tous les mécréants reçurent de la poussière dans leurs yeux. Il ordonna ensuite aux musulmans d'attaquer. Dès la descente des anges, Satan prit la fuite. Les mécréants malgré leur grand équipement perdirent facilement la bataille. Tous les chefs mécréants présents à la guerre sont tués, ceux-là même qui torturaient le Prophète (SAW) et les musulmans à tel point que le Prophète (SAW) les avait prédit leurs morts dans peu de temps.

8. Mort de Abou Djahal, fin et bilan de la guerre

Cependant **Abou Djahal**, le chef de guerre des mécréants, ne laissa pas tomber, il continue de combattre les musulmans et encouragea même les mécréants à poursuivre le combat malgré la défaite pressentie. Ainsi, deux jeunes garçons ainsi que **Ma'az Ben Amr** (RAA) se précipitèrent chez **Abou Djahal** et le tuèrent chacun de son côté. Ensuite **Abdoullah Ben Massoud** (RAA) coupa sa tête et l'emmena chez le Prophète (SAW) qui dit que **Abou Djahal** est le Pharaon de la Nation. Ainsi, la bataille prit fin avec la victoire éclatante des musulmans qui ont perdu 14 hommes dans le combat tandis que 70 mécréants dont les plus grands chefs ont été envoyés en Enfer et 70 autres furent capturés comme prisonniers de guerre.

9. La Guerre a été une épreuve des musulmans

Cette guerre a été aussi une épreuve des musulmans, car ils ont fait face à leurs parents proches. **Oumar** (RAA) tua son oncle, Abou Bakr (RAA) promit de tuer son **Abdourahmane** (il s'est converti à l'Islam après) s'il le croisait. **Mous'ab Ben Oumayr** (RAA) vit son frère mécréant attrapé par un Ançar, il dit à l'Ançar de bien l'attraper, que sa mère a beaucoup d'argent pour le libérer, et le frère lui dit que c'est comme ça, il traite son frère, **Mous'ab** lui répondit que l'Ançar est son frère mais pas lui qui est mécréant.

Un des fils du grand mécréant tué dans le duel **Outba Ben Rabia** avait un fils **Abou Ouzayfa** (RAA) qui était l'un des premiers musulmans.

10.Nouvelle de la défaite à la Mecque

La nouvelle de la défaite arrive à la Mecque. Un mécréant qui était noble et respecté ayant fui à la bataille arriva à la Mecque humiliée et honteux et cita les noms des chefs **Outba, Chayba, Oumayya** et d'autres chefs qu'ils sont tous morts. Cela paraissait impossible chez les Mecquois qui croyaient qu'il était devenu fou et ils lui demandèrent à propos de **Safwane** qui était arrêté à côté de lui, et il leur dit que **Safwane** est bien là et il est en face de lui. De l'autre côté, à Médine, les habitants reçurent la nouvelle de la victoire des musulmans.

11. La haine et les provocations contre les musulmans

La victoire des musulmans contre les mécréants de la Mecque a soulevé plusieurs haines aux seins des mécréants de la Mecque, des mécréants des alentours de Médine, des hypocrites, mais aussi des juifs de Médine. Ainsi, une des 3 tribus juives (Bani Kaynakaah) viola l'engagement qu'il a eu avec les musulmans. Les juifs de cette tribu ont failli entrainer une guerre au sein même des musulmans en évoquant leur histoire passée, ils provoquèrent les musulmans à chaque occasion et même ils ont déshabillé une musulmane dont ses organes génitaux ont été dévoilés au marché en public pour se moquer d'elle. Ainsi, la tribu a été bannie de Médine et se rendit en Syrie. Les provocations des Mecquois se continuent comme le cas de **Abou Soufyane** et ses compagnons qui se sont cachés et bruler des plantations à Médine, puis tua 2 musulmans avant de prendre la fuite. Malgré toutes les provocations des Mecquois, ils ne sont toujours pas satisfaits, ils voulaient finir avec les musulmans, non seulement pour se venger et soigner leur image au sein des autres arabes, mais aussi tuer le Prophète (SAW) et les musulmans. Pour ce faire, ils ont pris toute une année pour se préparer pour venir vaincre les musulmans dans leur propre ville et finir une bonne fois avec l'Islam.

21è partie : La bataille de Ouhoud (1ère partie : Préparation et début de l'affrontement)

1. Intention des mécréants d'anéantir l'Islam

Après une année de préparation, 3000 combattants mécréants dirigés par **Abou Soufyane, Khalid Ben Walid** et **Ikrima Ben Abou Djahal** (tous ces 3 deviendront musulmans, mais à ce moment, ils étaient des grands mécréants) prirent le chemin de Médine pour lutter contre les musulmans afin de tuer le Prophète (SAW) et anéantir l'Islam. **Abbas Ben Abd Moutalib**, oncle du Prophète (SAW) qui était mécréant par peur de son frère **Abou Lahab**, s'est converti à l'islam après le décès de son frère peu de temps après la bataille de Badr. **Abbas** (RAA), musulman et resté à la Mecque, informa discrètement les musulmans de l'intention des   mécréants.

2. Préparation des musulmans pour se défendre

Face à la situation, le Prophète (SAW) réunit les compagnons à

Médine en proposant de ne pas sortir de la ville et d'attendre les mécréants dans les entrées des ruelles de la ville pour les combattre. Cependant, les compagnons demandèrent au Prophète (SAW) de sortir de la ville pour faire la guerre. Le Prophète (SAW) accepta la proposition de la guerre pour se défendre en dehors de la ville au lieu de rester dans la ville. Il a divisé son armée composée de 1000 combattants en 3 régiments :

- Régiment des Mouhadjirines (émigrés de la Mecque) avec pour chef **Mous'ab Ben Oumayr,**
- Celui des Aws (une tribu des Ançars),
- Celui des Khazrag (l'autre tribu des Ançars).

3. Traitrise du grand hypocrite Abdoullah Ben Oubayd

Au moment de s'approcher au lieu du combat, le grand hypocrite **Abdoullah Ben Oubayd** se retira avec 300 soldats sous prétexte que le Prophète (SAW) n'avait pas respecté son avis et prit l'avis des autres. Il a voulu inciter certains musulmans à se retirer parmi les 700 qui restaient, mais il n'a pas pu.

4. Organisation stratégique de l'armée musulmane

Le reste de l'armée arrive à Ouhd. Le Prophète (SAW) organisa son armée en plaçant les excellents tireurs sur un mont pour ne pas être surpris par l'arrière. Il leur a dit de ne pas bouger de leur place même s'ils les musulmans se font massacrés ou qu'ils les voient en train de ramasser du butin sauf quand lui-même va leur donner la permission. Il a placé également l'armée musulmane derrière un autre mont de sorte qu'en cas de défaite, son armée puisse se replacer sur ce mont.

5. Stratégie de discorde dans l'armée musulmane

Quand les 2 armées se font face, les mécréants ont cherché à créer de la discorde au sein des musulmans. Leur chef **Abou Soufyane** demanda aux Ançars de partir en paix et de laisser eux ils vont régler leurs affaires avec leurs parents, cousins et frères. Les Ançars l'insultèrent. L'ancien chef des Aws (une tribu des Médinois) **Abou Amir,** croyant que le Prophète (SAW) lui a piqué sa place de chef à Médine, rejoignit le camp des mécréants. En s'adressant aux Aws musulmans, il dit : « Oh peuple de Aws, c'est moi Abou Amir, votre chef » et les Aws lui répondirent qu'il est hypocrite.

6. Les femmes mécréantes dans la guerre

15 femmes mécréantes avaient quitté la Mecque pour encourager l'armée mécréante. Elles étaient dirigées par **Hind Bint Outba**, la femme de **Abou Soufyane** qui avait une grande haine envers les musulmans et surtout **Hamza** (RAA) et **Ali** (RAA) qui avaient tués respectivement son père et son frère dans les duels à la bataille de Badr. Elle avait même engagé un esclave **Wahchi** dans la guerre spécialement pour tuer **Hamza** en vue de le libérer. Dans d'autres versions, il s'agit plutôt de **Zoubayr Ben Mataam** qui l'avait engagé.

7. Duel et combat autour du drapeau des mécréants

Avant l'affrontement, un grand mécréant nommée **Talha Ben Abi Talha** sorti et demanda un duel (combat à mort entre 2 personnes) avec un musulman. **Zoubayr Ben Awwam** (RAA) sortit

71

l'affronter et le tua. Le combat commença, le frère de **Talha** tué, **Ousmane Ben Abou Chayba** porta l'étendard des mécréants et annonça le début de la guerre, **Hamza** (RAA) l'attaqua et le tua. Un autre frère de **Talha**, **Saad Ben Abi Talha** prit l'étendard et **Ali Ben Abi Talib** (RAA) le tua en 2 coups seulement. Ensuite, 3 fils de **Talha** moururent successivement en levant le drapeau des mécréants. 10 mécréants de la même famille moururent successivement en levant le drapeau des mécréants.

8.   Martyr   de   Hamza   (RAA)
Les musulmans combattirent les mécréants avec une facilité de telle sorte que les Mecquois fuyaient laisser leur drapeau à terre et c'est une femme **Hind** qui prit le drapeau, un compagnon voulant la tuer, s'aperçut que c'était une femme, il l'a laissé. Au moment du combat, l'esclave **Wahchi** payé pour tuer **Hamza** (RAA) ne participait au combat, il cherchait seulement à viser **Hamza** (RAA) et quand il l'a bien visé, il lança sa lance qui le tua. Le décès de **Hamza** (RAA) ne découragea pas les musulmans. **Khalid Ben Walib** assisté du médinois mécréant **Abou Amir** et son groupe attendaient et tentaient de surprendre les musulmans par derrière jusqu'à 3 fois, mais ils furent repoussés par les flèches des musulmans postés sur le mont.

22è partie : La bataille de Ouhoud (2e partie : Retournement de situations en faveur des mécréants)

9. Grave faute des tireurs musulmans postés sur le mont
Les musulmans battirent les mécréants et ramassèrent des butins, mais **Khalid** et son groupe regardaient son armée tuée et fuir sans

les aider. Les musulmans placés dans le mont descendirent pour ramasser le butin, mais leur chef les interdisait en leur rappelant la parole du Prophète (SAW), mais ils refusèrent en descendant. C'est là que **Khalid** et son groupe encerclèrent et surprirent les musulmans. Les mécréants qui fuyaient retournèrent pour combattre. Les musulmans, ne comprenant plus rien, perdirent tout repère et se faisaient massacrer.

10. L'heure la plus critique de la vie du Prophète (SAW)

Au moment où la guerre faisait rage, les mécréants entourèrent le Prophète (SAW) en compagnie de 7 Ançars et 2 Mouhadjirines. Les mécréants voyaient une grande opportunité de tuer le Prophète (SAW). Un groupe de mécréants jura de tuer le Prophète (SAW). Le combat fut rage, les 7 Ançars perdirent la vie et les 2 Mouhadjirines furent blessés. C'était l'heure la plus critique de la vie du Prophète (SAW). Un mécréant lança une grosse pierre sur le Prophète (SAW) qui le fit tomber et le blessa sur sa tête, un autre l'attaqua et le blessa au front, un autre lui donne des coups d'épée sur son épaule, mais le Prophète (SAW) ainsi que les 2 Mouhadjirines blessés (**Talha Ben Ubaydullah** (RAA) et **Saad Ben Abi Waqqas** (RAA)) réussirent à écarter les mécréants. La lèvre inférieure du Prophète (SAW) fut fendue, sa tête blessée et le sang coulait sur son visage tandis que les musulmans se battaient farouchement contre les mécréants sur d'autres fronts.

11. Le courage de Ali Ben Abi Talib (RAA)

Un des mécréants fit courir la rumeur que le Prophète (SAW) est mort. Ne voyant pas le Prophète (SAW) et croyant réellement mort, les musulmans furent découragés, certains même s'enfuirent tandis que d'autres continuent de se battre. **Ali Ben Abi Talib** (RAA) regarda parmi les cadavres musulmans et ne vit pas le Prophète (SAW), il ne le vit pas aussi parmi les combattants et il sait aussi que le Prophète (SAW) ne va jamais fuir, ainsi, il s'est dit que Dieu exalté fut fâché des musulmans pour avoir désobéir à son Prophète (SAW) et lui a ramené auprès de lui. Ainsi, **Ali** (RAA) combattit farouchement les mécréants. Il traversa les mécréants en faisant des blessés et des morts au sein des mécréants jusqu'à ce qu'il vit le Prophète (SAW) vivant en train de combattre. Le Prophète (SAW) blessé tomba dans un fossé, il a été aidé par **Ali** (RAA) et un autre compagnon pour le faire sortir.

12. Réorganisation de l'armée musulmane

Face à la situation critique et la panique au sein des musulmans, le Prophète (SAW) appela les musulmans pour réorganiser le combat. Ainsi, les musulmans se rassemblèrent et combattirent farouchement.

13. Effort des femmes dans le combat

Les femmes musulmanes étaient aussi dans les champs de bataille, elles soignaient les blessés, encourageaient les hommes à se battre et décourageaient ceux qui veulent fuir en leur jetant des pierres et en les sifflant par moquerie. Cependant, une musulmane nommée **Oum Oumara** (RAA) se jeta dans la bataille contre les mécréants. Elle eut à lutter contre un grand mécréant **Ben Kamia** et l'a même blessé, mais le mécréant l'a touché mortellement.

14. Martyr de Mous'ab Ben Oumayr (RAA)

Mous'ab Ben Oumayr (RAA) qui détenait le drapeau des musulmans et était le chef des combattants des Mouhadjirines, protégea le Prophète (SAW) contre plusieurs attaques du grand mécréant **Ben Kamia**. Les mécréants se jetèrent sur **Mous'ab Ben Oumayr** (RAA) et l'a atteint sur sa main droite qui détenait le drapeau, il prit le drapeau avec sa main gauche et continue à se défendre, les mécréants lui tranchèrent sa main gauche, il serre le drapeau entre sa tête et son cou et se défendre avec sa poitrine. Le grand mécréant **Ben Kamia** le tua et se leva et dit à voix haute qu'il a tué le **Muhammad** (SAW), car **Mous'ab Ben Oumayr** (RAA) ressemblait au Prophète (SAW). Ceci est la belle fin d'un grand compagnon **Mous'ab Ben Oumayr** (RAA) qui a marqué l'histoire de l'Islam. Il a abandonné les richesses de sa mère pour l'Islam et vivait dans la misère. C'est lui que le Prophète (SAW) l'a envoyé comme missionnaire à Médine et il a pu convertir presque toute la population de Médine avec l'aide des premiers convertis Médinois. Dans les 2 batailles de Badr et de Ouhod, malgré plusieurs grands compagnons, c'est lui encore que le Prophète (SAW) lui a remis la responsabilité des Mouhadjirines (émigrés musulmans Mecquois) de la guerre. Et même devant la mort, il n'a pas laissé le drapeau des musulmans tombés à terre étant amputés de ses deux bras. Voilà, Allah exalté a décidé qu'il termine sa vie en martyr à la bataille de Ouhod en défendant l'Islam. Qu'Allah lui fasse miséricorde, l'agrée et lui donne son Paradis. Amine.

15. L'étendard des musulmans fut remis à Ali Ben Abi Talib

(RAA)

Face au décès de **Mous'ab Ben Oumayr** (RAA), le drapeau des musulmans devait être confié à un autre très brave homme qui ne recule sur rien et qui tue les mécréants sans qu'ils ne le touche. Et cet homme n'est rien d'autre que le cousin ou même le frère du prophète (SAW) **Ali** (RAA) fils du père adoptif du Prophète (SAW) **Abou Talib**. Dans cette guerre, en plus de **Mous'ab Ben Oumayr** (RAA) et de **Hamza** (RAA), plusieurs grands compagnons   perdirent   la   vie.

16. Mort d'un grand mécréant Oubayd Ben Khalaf
Un grand mécréant nommé **Oubayy Ben Khalaf** qui torturait le Prophète (SAW) à la Mecque et que le Prophète (SAW) lui a dit que c'est lui-même qui va le tuer (Partie 12). Ce grand mécréant est l'un des rares grands mécréants n'ayant pas été tué à la bataille de Badr. Il vit le Prophète (SAW) et jura qu'il le tua. Il se rapprocha du Prophète (SAW), les compagnons demandèrent au Prophète (SAW) de choisir quelqu'un l'affronter, mais il ne dit rien. Quand Oubayy Ben Khalaf se rapprocha du Messager d'Allah (SAW), il saisit une épée et gifla l'ennemi d'Allah exalté. Le mécréant retourna auprès des gens qui lui demandèrent s'il a tué **Muhammad** (SAW), il leur répondit que ce que ce qu'il a reçu comme coup de la part de lui, que si on partageait ce coup entre 70 personnes, chacune mourra. Après cette phrase, il tomba et mourut.

17. Les musulmans se replacèrent sur la montagne
Le Prophète (SAW) appela les musulmans à monter sur la

montagne, mais il y avait 3 mécréants au-dessus de la montagne qui les espionnaient. Un compagnon se chargea de ces mécréants et les tua. Avant même la fin de la bataille, les mécréants ont commencé à déformer les cadavres des musulmans. **Hind**, la femme de **Abou Soufyane** fit opérer le ventre de **Hamza** (RAA) et enleva son cœur, elle coupa ses oreilles pour utiliser comme bracelet.

18. Fin et bilan du combat

Les musulmans se retrouvant sur la montagne, les mécréants se concertèrent pour les rejoindre sur la montagne, mais leur chef **Abou Soufyane** leur déconseilla et se dit que ce qui est sûr que **Muhammad** (SAW) est mort. Ainsi, prit fin la bataille. 70 musulmans tombèrent martyrs tandis que 37 mécréants ont été envoyés en Enfer. Cependant, aucun musulman n'a été pris comme prisonnier de guerre.

23è partie : La bataille de Ouhoud (3e partie : l'après-guerre)

19. Discussion entre Abou Soufyane et Oumar (RAA) Abou Soufyane monta sur une montagne en face et cria : « **Muhammad** (SAW) est-il présent ? Le fils de **Abou Kahafa** (c'est **Abou Bakr**, RAA) est-il présent ? **Omar Ben Khattab** (RAA) est-il présent ? » Comme personne ne dit rien, **Omar** (RAA) se leva et lui répondit : « Oh ennemi de Dieu, tous ceux que tu as cités sont présents et vivants » **Abou Soufyane**, mécontent de savoir que le Prophète (SAW) est vivant, dit : « vos morts (de Ouhd) ont répondu à nos morts (de Badr) », Omar

(RAA) lui répondit : « Nos morts sont au Paradis et vos morts sont en   Enfer.   »

20.   Retour   des   combattants   chez   eux

Les mécréants surent que le Prophète (SAW) est vivant, ainsi, **Abou Soufyane** déclara une autre guerre contre les musulmans à Badr   un   mois.

Les mécréants repartirent à la Mecque tandis que les musulmans prennent le chemin de Médine. Cependant, le Prophète (SAW) demanda de retourner et de s'équiper en armement jusqu'à un endroit. Les mécréants sur le chemin de retour, se sont dits que comme les musulmans sont diminués par de nombreux morts et blessés, que ça serait mieux de repartir à Médine pour les tuer en même temps et tuer le Prophète (SAW). Quand ils ont appris que les musulmans sont équipés et les attendre pour la guerre et veulent les poursuivre, les mécréants pressèrent les pas pour retourner   rapidement   à   la   Mecque.

21. Mauvaise interprétation de cette bataille par les historiens

Beaucoup d'historiens et même certains musulmans racontent que les musulmans ont connu une défaite à Ouhod, mais cela n'est pas de la vérité. Bien qu'il y'a eu plus de morts musulmans, mais l'objectif des musulmans était de se défendre et défendre l'Islam, ce qui fut atteint alors que l'objectif des mécréants était de tuer le Prophète (SAW) et de finir avec l'Islam, ce qui ne fut pas atteint. Alors qu'on fait une guerre pour atteindre certains objectifs. En se basant de cela, on pourra bien dire que les musulmans remportèrent la guerre. De plus, la guerre n'est pas finie par une victoire d'aucun camp. Dieu exalté est le plus grand connaisseur. Certaines tribus mécréantes aux alentours de Médine aussi voulurent profiter de la situation de la faiblesse des musulmans pour les attaquer, mais les musulmans les firent échouer dans leur mauvaise idée.

22. Grand malheur à Bihr Mahoun

Par ailleurs, un grand malheur atteignit les musulmans à Bihr Mahoun. En effet, un mécréant **Abou Bara** d'une autre ville s'est rendu à Médine où le Prophète (SAW) l'appela à devenir musulman, mais il refusa et il dit plutôt à l'Envoyé d'Allah (SAW) d'emmener avec lui des compagnons pour se rendre chez les habitants de Nadjd afin de les inviter à l'Islam et il assura au Prophète (SAW) que rien ne va leur arriver. Le Prophète (SAW) envoyé avec lui 40 (ou 70 dans une autre version) compagnons qui étaient des grands connaisseurs du Coran. Ces personnes sont arrivées dans un endroit appelé Bihr Mahoun en cours de route, des mécréants sortirent et les tuèrent tous. Ces compagnons n'étaient bien armés.

23. Trahison de la tribu juive des Bani Nadir

À Médine, après le départ d'une des 3 tribus juives, les deux autres tribus étaient devenues sages même s'ils haïssaient intérieurement le Messager d'Allah (SAW) et l'Islam. Mais après la bataille de Ouhod, la tribu juive de Bani Nadir commença son complot et ses méchancetés envers les musulmans. Au début, ils faisaient intérieurement, mais par la suite, ils firent ouvertement. Le pire de tout ça, c'est quand ils invitèrent le Prophète (SAW) et ils eurent l'idée de faire tomber une grosse pierre sur lui, et juste au moment des faits, l'Ange **Djibril**, Paix sur lui, informa le Prophète (SAW) qui échappa par justesse à la pierre. Face à toutes ces hostilités envers le Prophète (SAW) et les musulmans, le Prophète (SAW) leur demanda de quitter Médine. Ils prirent des jours pour se préparer pour tout emmener avec lui et ne rien laisser. Cependant, ils furent rassurés par le grand hypocrite **Abdoullah Ben Oubayy** qui leur assura de les protéger, alors ils refusèrent de partir. Ainsi, ils furent partis de force sauf ceux qui étaient déjà convertis à l'Islam. Il ne restait qu'une seule tribu juive à Médine, on verra que la trahison de cette dernière tribu juive sera encore plus grande.

24. 2ème invasion de Badr, mécréants ne vinrent pas
Le rendez-vous à Badr arriva, le Prophète (SAW) sortit avec 1500 combattants avec à la tête de l'armée **Ali Ibn Abi Talib** (RAA) et les mécréants avec à leur tête **Abou Soufyane** étaient 2000. Cependant, cette nouvelle guerre ne plut pas à **Abou Soufyane** qui avait très peur. Ainsi, les mécréants eurent peur et décidèrent de rentrer. Les musulmans remportèrent la victoire sans aucune bataille. Ils profitaient faire du commerce en même temps pour leur   retour   à   Médine.

25. Prémisse d'une grande guerre après la paix
Ainsi, Médine et tous ses alentours furent sécurisés. Les musulmans vivaient en paix, la Paix est revenue, tout le monde est content, personne n'osait plus se mesurer aux musulmans de Médine. Cependant, les juifs chassés étaient partis habiter à

Khaybar et avaient beaucoup de haine envers les musulmans. Les chefs juifs se rendirent à la Mecque, ensuite chez la tribu des Ghatfan et les incitèrent à lutter contre les musulmans à Médine. Ainsi, une très grande armée, bien équipée, et cherchant toutes les stratégies de guerre possible, se prépara pour envahir Médine. Le nombre de combattants de cette armée dépassait même toute la population de Médine. Ils se sont préparés afin d'éviter tout risque de défaite

24è partie : La bataille des Coalisés

1.   Cause   de   la   bataille

Au moment où les musulmans vivaient en paix, 20 chefs juifs se rendirent à la Mecque pour les inciter à envahir encore Médine et les musulmans. Ils se rendirent encore dans les tribus de Ghatfan et les mobilisèrent contre les musulmans. Ensuite, ils se rendirent à toutes les tribus arabes mécréantes dans les environs pour les inciter contre les musulmans. Beaucoup acceptèrent, mais certains refusèrent. Ainsi, une grande armée de plus de 10.000 combattants comprenant plusieurs tribus qui se sont coalisés d'où le nom des coalisés. La grande armée prit le chemin de Médine. Le nombre de combattants de cette armée dépassait même toute la population de Médine, enfants, femmes, jeunes, vieillards, malades compris.

2. Réunion des musulmans et construction du fossé

Le service de renseignements de Médine capta l'information. Ainsi, les musulmans convoquèrent une réunion d'urgence. Le Prophète (SAW) fit une proposition. **Salman Al Fârsî** (RAA) demanda au Prophète (SAW) si sa proposition était une révélation à laquelle il est interdit de contester ou si c'était une idée stratégique du Prophète (SAW). Comme ce n'était pas une révélation, **Salman** (RAA) proposa que de creuser un fossé. Comme Médine était entourée par des montagnes, des jardins de palmier de tous les côtés sauf au Nord, il était logique donc de creuser le fossé de ce côté. Les compagnons devaient faire vite avant l'arrivée des coalisés, pour cela, ils travaillaient toute la journée et avec la faim. Ils étaient obligés d'accrocher des pierres sur leur ventre à cause de la faim.

3. Quelques révélations inimaginables lors de la construction

En creusant, les compagnons firent face à un rocher solide où les pioches ne pouvaient pas traverser. Ils demandèrent au Prophète (SAW). Le Prophète (SAW) lui-même prit une pioche et d'un coup, une partie du rocher se brisa et une grande étincelle jaillit, il ferma ses yeux, puis dit : « Gloire à Dieu, j'ai reçu les clefs de Chams (terre géographique comprenant la Syrie actuelle) ». D'un 2ème coup qui brisa encore plus le rocher, le Prophète (SAW) vit les portes de la Perse (terre géographique comprenant l'Iran actuelle) devant lui et d'un 3ème coup, le rocher se brisa complètement et le Prophète (SAW) vit les Portes de Yémen s'ouvrir pour lui. Cela est une révélation que toutes ses terres deviendront des terres d'Islam, ce qui était inimaginable à ce moment où l'Islam était seulement dans la ville de Médine et ses alentours.

4. Arrivée des coalisés et mauvaise surprise des musulmans

Le fossé fut fini à temps avant que les coalisés n'arrivent. Les

Mecquois, au nombre de 4000 combattants se placèrent d'un côté et les tribus de Ghatfan et les autres tribus au nombre de 6000 combattants se placèrent d'un autre côté et il n'y avait que le fossé qui séparait les musulmans et les coalisés. Cependant, une mauvaise surprise attendait les musulmans. Les chefs juifs expulsés étaient venus voir la seule tribu juive de Médine, les Bani Quouraytha et les incitèrent à rompre leur pacte qui les liait entre les musulmans et attaquèrent les musulmans. Ainsi, ils rompirent les pactes, le Prophète (SAW) envoya un chef Ançar (autochtone musulman de Médine) leur demander. Il a trouvé qu'ils ont bien rompu, ils insultèrent les musulmans et le Prophète (SAW) et pire, ils voulaient attaquer les musulmans dans leur dos au moment où les musulmans font face aux coalisés. Les mécréants étaient contents de leur alliance avec la tribu juive de Bani Quouraytha, mais ils n'avaient pas du tout prévu l'histoire du fossé, ils ne pouvaient pas

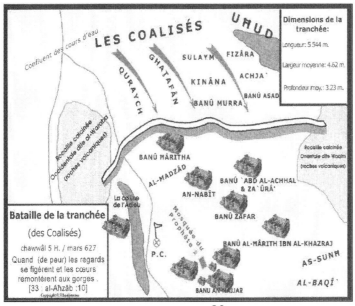

Traverser. Le combattant mécréant qui essaya de passer par le fossé est reçu par une

83

flèche. Un vent glacial venait et soulevait les tentes des mécréants.

5. La ruse deNaiim Ben Massoud Ben Amir(RAA)
Naiim Ben Massoud Ben Amir (RAA) se rendit auprès des juifs et leur dit de dire aux Mecquois de ne jamais les abandonner, car si ça chauffe sur eux et que les Mecquois repartent, les musulmans ne vont jamais leur pardonner pour leur traitrise. Et pour cela pour que les Mecquois ne partent jamais il proposa aux juifs d'aller dire aux Mecquois de leur confier des gens qu'eux ils vont prendre en otage. **Naiim** (RAA) se rendit chez les Mecquois et leur dire que les juifs vont leur réclamer des gens en otage pour les donner aux musulmans. Et les musulmans prendront ces gens en otage pour leur faire chantage de partir sinon ils vont les tuer. Ainsi, les juifs vinrent chez les Mecquois pour leur demander des gens à prendre en otage pour être sûr que les Mecquois ne vont pas les abandonner. Les Mecquois se sont dits que **Naiim** (RAA) avait raison, ils ont refusé. Les juifs aussi se sont dits que **Naiim** (RAA) avait raison et ils rompirent leur relation pour la guerre.

6. Fin de la guerre sans bataille
Le siège des mécréants fut long et pénible. Un grand vent est venu soulever toutes les tentes, éteignit leur feu et il faisait froid. Dans cette fraicheur, ils sont devenus sans abris. Pire, leur provision en nourritures est finie, car ils ne s'attendaient pas à un siège, ils croyaient seulement envahir Médine. Ainsi, le chef des mécréants **Abou Soufyane** se leva et demanda de rentrer chez eux à la Mecque en disant qu'ils n'ont rien à manger, pas de quoi s'abriter

84

et de plus leur allié juif les a trahit. Ainsi, toutes les tribus arabes mécréantes rentrèrent chez eux. Ainsi, la guerre prit fin sans bataille et avec une victoire pour les musulmans.

7. Invasion de la tribu juive de Bani Quouraytha

Les musulmans contents, déposèrent leur arme quand l'Ange **Djibril,** Paix sur lui, lui dit de ne pas déposer les armes et de se rendre aux traites, la tribu juive de Bani Quouraytha. Le Prophète (SAW) donna l'étendard à **Ali** (RAA) (c'est lui qui détint l'étendard des musulmans depuis le décès de **Mous'ab Ben Oumayr** (RAA)). Cette tribu a voulu combattre les musulmans à un moment crucial et donc ils doivent attendre à la sanction. L'armée musulmane assiégea les juifs durant 25 nuits consécutives. À la fin, les musulmans les combattirent.

8. Début des guerres offensives contre les oppresseurs

Le Prophète (SAW) dit que chaque fois, ce sont les mécréants qui viennent chez eux pour les battre, il dit que maintenant, ça ne sera plus le cas, car c'est eux qui vont aller maintenant envers eux. Ainsi, plusieurs troupes militaires furent envoyées pour combattre les tribus mécréantes qui formèrent les coalisés avec les Mecquois, des troupes furent envoyées aux juifs qui avaient tout manigancé. D'autres troupes sont envoyées contre les caravanes de commerce de leurs ennemis Mecquois de toujours.

9. Rôle des hypocrites

Les hypocrites qui se mélangeaient aux musulmans à Médine souhaitèrent chaque fois que les musulmans soient battus, ce qui ne fut jamais le cas. Ils lient des accords secrets avec les ennemies des musulmans, mais eux même ne peuvent pas combattre les musulmans, au contraire ils font semblant d'être avec les musulmans. Ainsi, ils décidèrent de trouver un moyen, de créer de la zizanie au sein même de la famille du Prophète (SAW). Ils allaient jusqu'à accuser **Aicha** (RAA), la fille de **Abou Bakr** (RAA), la seule femme que le Prophète (SAW) a épousée étant vierge. Et c'est cette femme très pure que les hypocrites l'accusèrent de commettre l'adultère, Soubhanallah.

25è partie : La calomnie contre la mère des croyants Aicha (RAA)

Les hypocrites avaient une grande haine contre les musulmans. Ils étaient difficilement identifiables, car ils se disaient musulmans, ils attestaient la foi par leur bouche, mais pas par leur cœur, ils font semblant de faire les prières, les jeûnes, ils se lient en secret avec les ennemis des musulmans en leur jurant fidélité, mais quand ça chauffe sur ces ennemis, ils les abandonnent en disant en public qu'ils sont toujours avec les musulmans. Qu'Allah exalté nous protège de l'hypocrisie. Ils savaient qu'une guerre contre les musulmans va toujours s'échouer. Ainsi, ils cherchèrent des stratégies pour mettre le conflit au sein des musulmans. Ils amplifiaient une petite querelle entre les musulmans et sautaient sur toutes les occasions possibles. C'est ainsi que lors d'une expédition, la mère des croyants **Aïcha** (RAA) était sortie avec son mari le Prophète (SAW). Au retour, ils sont partis se reposer dans une maison. Au moment du départ, **Aïcha** (RAA) sortit pour aller dans les toilettes, mais perdit un collier que lui a confié sa sœur, alors elle retourna aller le chercher. Comme le départ était donné et tout le monde prit place, alors, ceux qui conduisaient la charrette de **Aïcha** (RAA) pensaient qu'elle était à l'intérieur, car le départ fut annoncé, elle n'était pas grosse et c'était fermé à l'intérieur. Quand **Aïcha** (RAA) revenait après avoir trouvé son collier, les gens étaient déjà partis. Elle s'était endormie croyant qu'on allait venir la chercher quand elle entendit la voix d'un cavalier musulman **Safwane Ben al Moatil** (RAA) qui était en arrière pour surveiller les positions des ennemis afin que les musulmans ne soient pas surpris. (Dans une autre version, elle s'assit pleurer quand **Safwane** (RAA) est arrivé). Ainsi, Safwane la prit sur son cheval sans même la regarder, ni l'adresser une parole par pudeur et l'emmena jusqu'aux autres. En voyant l'épouse du Prophète (SAW) derrière le cheval d'un homme, les hypocrites trouvèrent une grande opportunité pour sortir leur venin. Ils accusèrent la mère des croyants **Aïcha** (RAA) d'avoir commis l'adultère avec le cavalier **Safwane** (RAA) qui l'a emmené. Sur la tête du groupe des calomniateurs se trouvait le grand hypocrite Abdoullah Ben Oubayy (RAA). Ils ont bien organisé leur calomnie pour semer la zizanie dans la famille du Prophète (SAW).

La rumeur a atteint un degré très important à tel point que même des grands compagnons sincères se doutèrent. Cela troubla le Prophète (SAW) à tel point que l'homme le plus proche de lui, son cousin **Ali** (RAA) le demanda de se séparer de **Aïcha** (RAA), mais

Oussama (RAA) ne fut pas d'accord. **Aïcha** (RAA), de son côté, tomba malade, ignorant toute la rumeur sur elle, mais elle ne comprit pas pourquoi le Prophète (SAW) ne s'occupa plus d'elle et ne s'approcha pas d'elle. C'est ainsi, qu'une femme la fit apprendre tous les mensonges à son encontre, elle se mit à pleurer durant plusieurs nuits et ne trouva même pas le sommeil. Le Prophète (SAW) lui demanda de se repentir à Allah exalté si elle est coupable que peut être Allah exalté lui pardonnera, et si elle est innocente, Allah exalté l'innocentera. Aïcha (RAA) comprit que le Prophète (SAW) aussi douta d'elle. Elle partit voir ses parents dont **Abou Bakr** (RAA) de répondre au Prophète (SAW), mais ceux-ci ne lui répondirent pas, elle comprit que même ses parents aussi doutèrent, alors qu'elle leur dit qu'elle était innocente.

Au moment où les hypocrites pensèrent rempoter la victoire, Allah exalté, lui-même envoya des versets du Coran pour l'innocenter. À la descente de ses versets, ce sont les autres calomniateurs qui ont dénoncé **Abdoullah Ben Oubayy Ibn Saloul** ayant tout fabriqué. Les hypocrites eurent peur car ils savaient que même s'ils peuvent tromper les gens, ils ne peuvent pas tromper Allah exalté. Qu'Allah agrée la mère des croyants **Aïcha** qui a donné toute sa vie au Prophète (SAW) et au service de l'Islam. Elle a été femme du Prophète (SAW) dans cette vie ici-bas et elle le sera dans l'au-delà. Bien que n'ayant pas été citée par les 4 meilleures femmes de l'histoire de l'humanité (**Assia**, femme de Pharaon ; **Maryam**, mère de Issa, Paix sur lui ; **Khadîdja**, la toute 1ère femme du

Prophète (SAW) et **Fatima**, la fille du Prophète (RAA), qu'Allah les agrée tous), **Aïcha** (RAA) a eu un degré qu'aucune autre femme n'a atteint. Elle est la seule à ne pas connaitre aucun homme dans sa vie en dehors du Prophète (SAW) (Il est rapporté aussi que Maria la copte aussi fut vierge avant de rencontrer le Prophète (SAW)). Quand on a demandé au Prophète (SAW) qui il aimait le plus parmi tous les compagnons hommes ou femmes, il a dit : **Aïcha** (RAA). Ainsi, si on ne peut pas louer ce qu'elle a fait, on ne doit pas l'insulter même si elle a été en erreur lors de la première grande épreuve contre **Ali** (RAA). Qu'Allah exalté nous préserve d'être parmi ceux qui insultent la femme pure, la mère des croyants, la femme du Prophète dans cette vie et au Paradis, **Aïcha,** qu'Allah l'agrée. Amine.

26è partie : Le pacte d'Al Houdahbia entre musulmans et Mecquois, et l'envoi des lettres aux rois

Le prophète (SAW) eut une vision qu'il était rentré à la Mecque. Quand il informa les compagnons, ils étaient très contents surtout les Mouhadjirines (émigrés musulmans Mecquois). Aucun Mouhadjirrine ne voulait rater cette occasion. Le Prophète (SAW) sortit à Médine avec 1500 hommes pour aller tourner autour de la Ka'aba à la Mecque (Oumra ou petit pèlerinage) sans aucune intention de se battre. Mais il prit la précaution d'envoyer des gens à la Mecque pour surveiller les réactions des mecquois. À 3 journées de la Mecque, on lui fait apprendre que les mécréants préparèrent une grande armée pour les combattre et pour les éloigner   de   la   Mecque.

Le Prophète (SAW) envoya **Ousmane Ben Affan** (RAA) à la Mecque pour leur dire qu'ils ne veulent pas faire la guerre, qu'ils veulent faire seulement la Oumra. **Abou Soufyane**, le chef de la Mecque, dit à **Ousmane** (RAA) que lui seul peut faire la Oumra, mais **Ousmane** (RAA) lui dit qu'il ne le fera pas tant que le Prophète (SAW) n'en a pas fait, alors les mécréants emprisonnèrent **Ousmane** (RAA). Une rumeur arriva aux musulmans que **Ousmane** (RAA) fut tué, alors les musulmans décidèrent de se battre jusqu'à la mort à cause de l'assassinat de Ousmane   (RAA).

Quand les mécréants s'étaient rendus compte que les musulmans veulent maintenant les combattre, ils libérèrent Ousmane (RAA) pour montrer qu'il n'est pas mort et envoyèrent 4 délégations chez le Prophète (SAW) à qui le Prophète (SAW) dit à chaque délégation qu'ils ne veulent pas se battre, mais uniquement pour tourner   autour   de   la   Ka'aba.

Alors, les mécréants envoyèrent une autre délégation sous la direction de **Souhayl Ben Amr** pour négocier et parvenir à un pacte. Le début du pacte fut difficile dans la forme. Quand les musulmans écrivirent : « Au nom de Dieu, le Tout Miséricordieux, le Très Miséricordieux », **Souhayl** refusa en disant qu'il ne connait pas un Dieu qui est Tout Miséricordieux et demanda au Prophète (SAW) d'écrire par son propre nom. **Ali** (RAA) voulait refuser d'effacer, mais le Prophète (SAW) insista, il l'effaça. **Ali** (RAA) écrit de par **Muhammad**, le Messager d'Allah, Souhayl refusa toujours que s'il savait que **Muhammad** (SAW) était le Messager d'Allah, qu'il n'allait pas le combattre, mais que d'écrire de par **Muhammad**, fils de **Abdoullah**. Le Messager d'Allah (SAW) demanda à **Ali** (RAA) d'effacer et d'écrire comme l'a dit **Souhayl**, comme **Ali** (RAA) refusa, il demanda où se trouvait la partie de **Muhammad**, le Messager d'Allah, et lui-même l'effaça.

L'accord comprenait les différents points :
- Les musulmans devaient attendre à partir de l'année suivante pour faire le tour de la Ka'aba et non l'année en cours.
- Une trêve entre les musulmans et les Mecquois et leurs alliés durant 10 ans au cours desquelles, ils ne se battraient pas et chacun ferait son commerce tranquillement.
- Chacun aurait le droit de pratiquer la religion qu'il souhaite.
- Si un Mecquois se convertit à l'Islam et vint à Médine, les musulmans doivent le renvoyer à la Mecque à la demande de ses parents. Mais si un musulman apostasia et décida de venir à la Mecque, il ne sera pas extradé.

En signant ces lois surtout la dernière loi, **Abou Djan dal** (RAA) étant converti à l'Islam, le fils même de **Souhayl**, responsable du pacte au niveau des mécréants. Il vint se réfugier à Médine. Son père insista qu'il lui soit rendu alors que le fils supplia de rester avec les musulmans, mais à la fin, à la grande tristesse du fils et des musulmans, il a été rendu chez ses parents. Certains musulmans furent contents de la loi de la Paix, d'autres furent déçus, car ils ne verront pas la Mecque cette année.

Un autre musulman converti de la Mecque **Abou Boussair** (RAA) vint à Médine, mais les mécréants suivant le pacte exigèrent son extradition à la Mecque, ce que les musulmans firent. Mais Abou Boussair s'échappa et habita seul dans un endroit entre la Mecque et Médine. **Abou Djan dal Ben Souhayl** (RAA) qui fut aussi remis à la Mecque, partit rejoindre **Abou Boussair** (RAA). Les jeunes Mecquois se convertissaient, beaucoup partirent rejoindre aussi **Abou Boussair** (RAA) et forma un groupe qui attaquèrent et pillèrent les caravanes des Mecquois. Les Mecquois supplièrent aux musulmans de prendre les nouveaux convertis du groupe à Médine et demandèrent l'annulation de la dernière loi. Après l'annulation de la loi, Allah exalté allait ouvrir le cœur à l'Islam des grands combattants mécréants. Ainsi **Amr Ben Al As** (RAA) (celui même qui avait insisté en vain au roi d'Abyssinie de renvoyer les musulmans à la Mecque), **Khalid Ben Walid** (RAA) (fils d'un grand mécréant mort à Badr, c'est **Khalid** même qui est à l'origine de la mort de plusieurs musulmans à Ouhod après la désobéissance des musulmans placés sur la montagne) ainsi que **Ousmane Ben Talha** (RAA) se convertirent tous à l'Islam et vinrent à Médine.

Suite à la paix entre leurs ennemis de longue durée, les mecquois de la Mecque, les musulmans entamèrent des séances de Da'awa, d'appel à l'Islam. Ils furent envoyés à des villages, à des tribus pour les appeler vers l'Islam. Des foules de personnes, des villages entiers, des tribus se convertirent en masse à l'Islam. Le nombre de musulmans et la terre géographique de l'Islam augmenta très vite. L'Islam ne fut plus Médine et ses alentours, mais aussi beaucoup d'autres parties de l'Arabie. Pour appeler les gens de loin de l'Arabie, le Prophète (SAW) envoya des lettres à plusieurs rois pour les appeler à l'Islam grâce à des émissaires.

1. Il envoya une lettre à **Al Nagachi**, le roi de l'Éthiopie, celui même qui avait accueilli les musulmans, l'invita à l'Islam, celui-ci se convertit à l'Islam, mais pas son peuple. Ils étaient des chrétiens orthodoxes.

2. Une lettre au roi d'Égypte **Al Moukawkis**. Ils étaient des chrétiens coptes. Le roi refusa d'abandonner sa religion copte, mais il accueillit bien l'émissaire des musulmans et envoya au Prophète (SAW) deux femmes esclaves vierges **Maria** et **Sirine,** une mule et une robe d'honneur. Le Prophète (SAW) prit Maria la copte pour femme.

3. Lettre adressée à **Kisra**, roi des perses de Yémen. Cependant, **Kisra** fut assassiné par son fils qui prit le pouvoir. En fin de compte, tout le peuple perse au Yémen se convertit à l'Islam.

4. Lettre adressée à **Hercules César**, roi des Byzantins. Hercules, étant aussi chrétien, ne se convertit pas à l'Islam, mais envoya de nombreux cadeaux au Prophète (SAW). Mais, en cours de route, l'émissaire fut attaqué par la tribu de Gotham, la tribu même qui formait les coalisés avec les mécréants de la Mecque et qui ont été battu par le vent. La tribu de Gotham attaqua l'émissaire musulman et vola tous les cadeaux. Le Prophète (SAW) envoya son fils adoptif **Zayd** (RAA) qui les vainquit et ramassa de nombreux butins.

5. Lettre envoyée à l'attention d'**Al Munther**, le gouverneur de Bahreïn. Il reçut bien la lettre et la lit à son peuple, beaucoup se

sont convertis à l'Islam. Il répondit au Prophète (SAW) que parmi son peuple, certains se sont convertis, mais d'autres refusèrent surtout les juifs et les Mazdéens. Il demanda ce qu'il doit faire. Le Prophète (SAW) lui demanda de laisser chacun pratique sa religion, mais dira aux juifs et Mazdéens de payer une taxe. (Les musulmans paient la Zakat).

6. Lettre adressée à **Hawza**, propriétaire d'Al Yamama. Il lit la lettre, mais exige qu'on lui donne une grande position.

7. Lettre envoyée à **Al Hareth Ben Abi Shamar**, roi de Damas. Ce roi menaça et n'a pas accepté l'Islam.

8. Lettre adressée au roi de **Amman**. Le roi et son frère se convertirent tous à l'Islam.

Par ces différentes lettres, ces différents Da'awa, beaucoup se sont convertis à l'Islam. L'Islam était devenu maintenant planétaire et ne se limitait plus à une ville, un pays ou un peuple. Cela a montré que les transmissions de la religion par l'appel ou par les lettres ont eu beaucoup plus d'effets que les batailles armées.

27è partie : La conquête de Khaybar et la bataille de Mouta

La conquête de Khaybar

Khaybar était une grande ville située à peu près 150 km de Médine. Elle était habitée par des juifs. Les même qui avaient incité les tribus arabes à lutter contre les musulmans lors de la bataille des coalisés. Beaucoup de tribus juives étaient venues s'installer dans la ville y compris les expulsés de Médine. Les habitants de la ville s'entretenaient des contacts avec les ennemis des musulmans et les hypocrites de Médine. Ils ne cessaient de chercher des stratégies pour détruire l'Islam. Le Prophète (SAW) les avait laissés pour s'occuper d'abord des autres agresseurs des coalisés. Quand les musulmans ont fini avec toutes les tribus coalisées qui voulaient détruire l'Islam et un accord avec les Mecquois, c'était au tour de ceux même qui avaient commencé la guerre. Le Prophète (SAW) chercha à mettre de l'ordre à leur niveau. Il sortit avec 1400 combattants en refusant aux hypocrites de le suivre. Quand les musulmans se sont préparés, le Prophète (SAW) dit qu'il donnerait de la bannière à un homme qui aime Dieu exalté et son Messager et que Dieu exalté et son Messager l'aiment et que par lui, Allah exalté va leur donner de la victoire. Tout le monde voulant être ce bienheureux homme, mais le lendemain, le Prophète (SAW) demanda à **Ali Ben Abi Talib** (RAA), on lui dit qu'il a mal aux yeux. Quand **Ali** (RAA) vint, le Prophète cracha dans ses yeux et il n'eut plus mal aux yeux. La bataille fut difficile et longue, car les forces juives étaient décentralisées et la ville était divisée 8 forteresses et il fallait faire la guerre dans chacune de ces 8 forteresses. Avec l'aide de Dieu, les musulmans finirent par vaincre en perdant 16 personnes et en envoyant 93 juifs en Enfer. Suivant le pacte avec les Mecquois, le Prophète (SAW) rentra avec 2000 hommes sans compter les femmes et enfants à la Mecque pour faire la Oumra (tour de la Ka'aba). Beaucoup de musulmans étaient contents de revoir leur ville natale dont ils avaient quitté il y'a 8 ans. Le Prophète (SAW) et ses compagnons firent la Oumra tranquillement tandis que les mécréants les regardaient avec envie.

Le Prophète (SAW) resta 3 jours, au 4è jour, les mécréants vinrent voir Ali (RAA) de dire à son compagnon de s'en aller. Ainsi, le Prophète (SAW) et ses compagnons rentrèrent à Médine.

La bataille de **Muta**

Le Prophète (SAW) continua toujours d'envoyer des lettres aux différents rois. Il envoya une lettre au roi de Basra avec **Al Hareth Ben Oumayr (RAA)**. **Al Hareth (RAA)** rencontra le gouverneur nommé par **César de Al Balka** qui le ligota et lui trancha sa tête. À ce moment, l'assassinat d'un émissaire est un signe de déclaration de guerre. C'est comme les romains ont déclaré la guerre aux musulmans. Si les musulmans ne répondaient pas, c'était comme de la lâcheté, ainsi le Prophète (SAW) envoya une armée dirigée par son fils adoptif Zayd (RAA), suivi de son cousin ou même **frère Djafar (RAA)** fils du père adoptif du Prophète (SAW) **Abou Talib** et suivi d'un grand compagnon Ançar **Abdoullah Ben Rawaha** (RAA).

Le Prophète (SAW) accompagna l'armée en dehors de la ville et leur donna des consignes : « Combattez au nom d'Allah, pour Allah. N'attaquez, ni tuez un enfant, une femme, une personne âgée, un moine dans un couvent. Ne coupez point de palmiers ni d'arbres et ne détruisez pas les bâtiments ».

Les musulmans étaient sortis avec 3000 combattants. Arrivé à Ma 'an, le service de renseignements des musulmans informa que l'armée romaine était sortie avec 100.000 combattants. De plus, 100.000 autres combattants des tribus de **Lakhem, Djouzam, Balkaïne, Bahra** et **Bali** se joignirent à eux formant en tout une armée de 200.000 combattants. Les musulmans se consultèrent et certains demandèrent d'informer le Prophète (SAW) de la situation imprévue de leur dire de retourner ou d'envoyer des renforts, mais **Abdoullah Ben Rawaha** (RAA) refusa la proposition et demanda de continuer. Une armée de 3000 combattants qui doit faire face à une armée de 200.000 combattants. Les 2 armées se rencontrèrent à Muta. **Zayd Ben Haritha** (RAA), prit l'étendard et combat farouchement, mais il tomba martyr, Djafar Ben Abi Talib (RAA) prit l'étendard et combat jusqu'à ce sa main droite se coupa, puis sa main gauche fut coupée mais il serra toujours le drapeau jusqu'à ce que lui-même soit coupé en deux. **Abdoullah Ben Rawaha** (RAA) prit l'étendard et tomba aussi martyr. Face au danger de porter le drapeau, personne ne voulait porter, mais un nouveau converti qui était un grand mécréant et grand guerrier nommé **Khalid Ben Walid** (RAA) prit l'étendard et combattit jusqu'à ce que 9 épées soient cassées de sa main.

Le Prophète (SAW), de très loin, eut une révélation et dit aux compagnons avec de larmes aux yeux : « **Zayd** (RAA) prit l'étendard et il est rentré au Paradis, **Djafar** (RAA) prit l'étendard et il est rentré au Paradis, **Abdoullah Ben Rawaha** (RAA) prit l'étendard et il est rentré au Paradis, et maintenant l'étendard est passé à une épée d'Allah et par ça, les musulmans s'en sortiront ». Il venait de perdre un fils adoptif et un cousin qui sont parmi les premiers convertis à l'Islam. **Khalid** (RAA) savait qu'il est quasi impossible qu'une armée de

3000 s'en sorte contre une armée de 200.000. S'ils décident de fuir, l'armée mécréante va les capturer tous, s'ils combattent, ils seront tous tués. Khalid (RAA) décida de changer le positionnement de son armée. Ceux qui sont en arrière garde viennent au-devant de l'armée, ceux qui sont à l'aile gauche partent à l'aile droite et vice versa. Avec la stratégie, les mécréants ne comprenaient plus rien, ils pensèrent que les musulmans ont eu des renforts. La frayeur est rentrée dans leur cœur et les musulmans, malgré leur petit nombre envoya plusieurs romains et alliés arabes en Enfer. **Khalid** (RAA) commença à faire reculer son armée petit à petit tout en gardant la même organisation. Les romains eurent peur de les poursuivre croyant que les musulmans veulent les rendre un piège. Quand les 2 armées furent éloignées l'une de l'autre, les romains rentrèrent au pays de même que leurs alliés arabes. Ainsi, les musulmans retournèrent à Médine avec seulement 12 martyrs et en envoyant des dizaines de romains et leurs alliés en Enfer. L'armée romaine était la plus grande et la plus puissante armée du monde à ce moment. Tous les autres arabes furent étonnés de l'issue de la bataille du fait que les musulmans se sont en sortis. Alors, ils savaient réellement que les musulmans avaient l'aide de Dieu, ainsi, plusieurs tribus se convertirent à l'Islam y compris même les tribus qui étaient ennemies des musulmans. Après la bataille de Muta, le Prophète (SAW) envoya des troupes armées contre les tribus arabes qui avaient soutenus les romains. Les musulmans, malgré qu'ils sont devenus maintenant très nombreux et très puissants et craints par tout le monde, respectèrent le pacte conclu avec les Mecquois. Mais, face à une occasion, ces Mecquois violèrent le pacte et donc le pacte fut brisé. Alors, le Prophète (SAW) décida de conquérir la Mecque, sa citée.

CHAPITRE 28 : La conquête de la Mecque

1. **Rupture** **du** **pacte**

Dans le pacte entre musulmans et Mecquois, il était écrit que toute autre tribu qui s'associe à un camp est considérée comme faisant partie du camp et donc concernée par la trêve de 10 ans. Il était aussi écrit qu'une violation à l'une des règles du pacte annule le pacte. Les musulmans respectèrent le pacte comme il le faut et profite faire leur Da'awa.

Par ailleurs, il y avait 2 tribus rivales vers la Mecque qui se faisaient des guerres. Avec la trêve entre musulmans et Mecquois, les membres d'une des 2 tribus, celle de Khouza'i se convertirent à l'Islam et donc s'allièrent donc aux musulmans. L'autre tribu les Bani Bakr s'allie aux Mecquois, ainsi, ils sont tous protégés par la loi. Et comme il n'y a plus de guerres entre eux, la tribu rivale musulmane, Khouza'i' ne se préoccupa plus de sa protection. L'autre tribu rivale mécréante profita de la situation et attaqua la nuit avec l'aide des mecquois la tribu musulmane Khouza'i non préparée et tua beaucoup de personnes dans la tribu. La tribu mecquoise a été aidée par des Mecquois avec des matériels et des combattants pour massacrer l'autre tribu. Deux des membres musulmans de la tribu agressée vint séparément voir le Prophète (SAW) et lui expliquer. Le Prophète (SAW) vérifie d'abord l'information. Après confirmation et donc que les Mecquois ont violé le pacte, il dit que c'est l'heure maintenant d'aller à la Mecque, mais il est resté très discret.

2. Abou Soufyane tente de renégocier pour le pacte

Abou Soufyane comprit que ce que ces gens ont fait a brisé le pacte. Il se rend à Médine dans l'espoir de renégocier le pacte de la trêve, mais c'était peine perdue. Il alla voir le Prophète (SAW) qui ne lui adressa pas de parole. Il partit voir **Abou Bakr** (RAA) qui fit de même. Il partit voir **Oumar** (RAA) qui lui insulta. Désespéré, il partit voir **Ali** (RAA) qui lui dit qu'apparemment, il n'y a plus de solutions pour lui. Il demanda à **Ali** (RAA) des conseils et celui-ci lui dit de faire des services aux gens puis retourne à la Mecque.

De retour à la Mecque, on lui demanda les nouvelles, il leur dit que le Prophète (SAW) et **Abou Bakr** (RAA) ne lui ont pas dressé de parole et **Oumar** (RAA) était très dur et que **Ali** (RAA) lui a dit de faire quelque chose que lui-même n'a pas compris le pourquoi. On lui fit apprendre que **Ali** (RAA) s'est moqué de lui. Maintenant, la peur a changé de camp, les Mecquois avaient très peur. Ils guettaient toute l'information venant de Médine, ils se rappelaient comment ils étaient très méchants envers les musulmans, comment ils les haïssaient, les torturaient et les tuaient sans raison. Maintenant, la négociation a échoué, ils ne savaient plus quoi faire. Ils savaient que les musulmans étaient très puissants et leur armée était même capable de détruire toute la

Mecque sans qu'ils ne puissent rien faire.

3. Préparatifs de l'armée et réception d'une lettre pour les Mecquois

Afin de tromper la vigilance des mécréants, le Prophète (SAW) envoya une troupe dans un village à 3 journées de Médine. Au moment où toutes les nouvelles sont concentrées là-bas, ils sortirent et dirigèrent vers la Mecque et la troupe les rejoignit en cours de route.

Au moment où les musulmans se dirigeaient vers la Mecque discrètement, le Prophète (SAW) eut une révélation qu'une femme se dirige vers la Mecque avec une lettre qui décrit tout le plan de la conquête. Il demanda à **Ali** (RAA) et **Al Miqdad** (RAA) d'intercepter la femme et de récupérer la lettre. Quand ils arrivèrent auprès de la femme, la femme nia qu'elle avait une lettre. **Ali** (RAA) et **Al Miqdad** (RAA) fouillèrent partout dans son cheval et ne trouvèrent pas de lettre. Et comme ils savaient que le Prophète (SAW) ne mentait pas, ils insistèrent auprès de la femme qui nia toujours. **Ali** (RAA) lui dit que si elle ne donne pas la lettre, ils vont la déshabiller pour prendre la lettre. Elle enleva la lettre sous ses cheveux où elle l'avait cachée. C'était un compagnon Hateb qui l'avait écrit pour l'envoyer aux Mecquois. Quand le Prophète (SAW) lui demanda pourquoi cela, il jura qu'il n'a pas changé de religion, mais qu'il a des parents et un enfant à la Mecque et qu'il craignait pour leur sécurité. **Oumar** (RAA) demanda au Prophète (SAW) de lui trancher sa tête, mais le Prophète (SAW) refusa en disant qu'il a fait la bataille de Badr avec les musulmans. (En fait, Allah exalté a pardonné à tous les musulmans qui ont fait la bataille de Badr).

4. Conversion à l'Islam de Abou Soufyane (RAA)

Les musulmans avancèrent vers la Mecque et furent très proches de la Mecque. Ils campent la nuit et il y avait plus de 10.000 feux allumés. **Abou Soufyane** sortit chercher des informations et quand il se trouva en face de **Abbas** (RAA), l'oncle du prophète (SAW) et lui demanda ce qui se passe et **Abbas** (RAA) de lui dire que toute la foule autour des feux sont le Prophète (SAW) et les compagnons et qu'ils attaqueront la Mecque le lendemain matin. **Abou Soufyane** passa devant les gens et quand il passa devant **Oumar** (RAA), ce dernier l'a reconnu et l'a attrapé en disant : « Louange à Allah, c'est **Abou Soufyane** ? L'ennemi de Dieu ? Aujourd'hui, nous t'avons attrapé sans pacte, ni traité ». Mais **Abbas** (RAA) lui demanda de le laisser et le ramena chez le Prophète (SAW) qui lui demanda : « Oh **Abou Soufyane**, n'est-il pas temps pour que tu reconnaisses qu'il n'y a de dieu qu'Allah et que je suis le Messager d'Allah ? » **Abou Soufyane** répondit qu'il a encore des doutes et **Abbas** (RAA) lui dit : « Malheur à toi, convertis toi » Ainsi Abou Soufyane professa la Chahada et se convertit à l'Islam et retourna à la Mecque. De retour à la Mecque, **Abou Soufyane** (RAA) demanda aux gens de laisser tomber car ils ne peuvent pas combattre l'armée musulmane qui avance. Sa femme **Hind** se fâcha contre lui et demanda aux gens de tuer son mari **Abou Soufyane** (RAA) pour sa lâcheté et sa nullité. **Abou Soufyane** (RAA) dit que quiconque rentre dans sa maison est en sécurité, on lui dit que sa maison est petite pour accueillir tous les habitants de la Mecque, on dit ensuite que tous ceux qui restent chez eux sont en sécurité et tous ceux qui sont à la Ka'aba sont en sécurité.

5. Les Musulmans à la Mecque, Purification de la Ka'aba et le premierAzane (Appel à la prière) à la Ka'aba

Au moment où les Mecquois se préoccupaient de leur sécurité, certains durs mécréants se préparaient pour attaquer les musulmans. À l'entrée de la Mecque, le Prophète (SAW) avait divisé son groupe en 3 parties dirigées respectivement par **Khalid Ben Walid (RAA)**, **Zoubayr Ben Awwam (RAA)** et **Abou Oubayda Al Djarar (RAA)** pour rentrer par les différentes portes de la Mecque. Les deux groupes rentrèrent calmement sans combat, mais c'est le groupe de Khalid (RAA) qui fit face au groupe des durs mécréants. Ils tuèrent 12 mécréants et les autres ont   fui.

Le Prophète (SAW) entouré des Mouhadjirines et des Ançars, entra dans la Ka'aba, détruit toutes les statues et purifie la Ka'aba. Il vit les images des Prophètes **Abraham** (Ibrahim) et **Ismaïl**, paix sur eux, il effaça les images puis il fit le tour de la Ka'aba. Il confia la clé de la Ka'aba à **Ousmane Ben Talha** (RAA) (à ne pas confondre avec **Ousmane Ben Affane**, RAA). Quand l'heure de la prière arriva, le Prophète (SAW) demanda à Bilal (RAA) de faire appel à la prière, ce fut le premier appel à la prière à la Ka'aba. Beaucoup de musulmans coulèrent de larmes d'émotion. Ainsi, le vrai jour rêvé est arrivé ce que les musulmans

103

attendaient depuis des années. Le Prophète (SAW) fit un sermon où il remercia profondément Dieu exalté pour cette victoire éclatante.

Certains grands compagnons Mecquois comme **Mous'ab Ben Oumayr** (RAA), **Hamza** (RAA), tués à la bataille de Ouhod de même que le fils adoptif du Prophète (SAW) **Zayd** (RAA) et le cousin du prophète (SAW) **Djafar** (RAA), celui même qui avait convaincu le roi d'Éthiopie de les garder (tués à la bataille de Muta), n'ont malheureusement pas vu ce grand jour. Les grands mécréants aussi comme **Abou Djahal**, **Abou Lahab**, **Outba Ben Khalaf** et **Oumayya Ben Khallah** aussi n'ont pas vu ce jour.

6. Pardon aux Mecquois sauf les grands criminels et la Crainte des Ançars et retour à Médine

Le Prophète (SAW) pardonna à tous les mécréants de la Mecque ce jour sans tirer aucune vengeance sauf 9 grands criminels très têtus et très méchants à qui il avait ordonné de purifier la ville de ces gens-là. Parmi ces 9 grands criminels, 4 furent tués et 5 s'enfuirent et puis revinrent et se convertirent à l'Islam.

Par ailleurs, les Ançars (Musulmans autochtones de Médine) eurent peur que le Prophète (SAW) va demeurer à la Mecque, dans sa ville natale au lieu de Médine, mais le Prophète (SAW) leur rassura qu'il vivra à Médine et mourra à Médine. Médine est restée la capitale des musulmans jusqu'au temps du califat de **Ali** (RAA) où il a déplacé de Médine pour Koufa pour des problèmes stratégiques. **Muawiya** (RAA) ainsi que les Omeyyades déplaça aussi la capitale à Damas qui fut la capitale au temps des

Omeyyades. Les Abbassides ont aussi transféré la capitale à Bagdad, les Ottomans ont prit Constantinople, actuelle Istanbul, comme capitale des musulmans. Après eux le califat a disparu, donc plus de capitale des musulmans. La femme de **Abou Soufyane** (RAA) **Hind** s'est déguisée (par peur d'être reconnue car elle avait fait trop de mal aux musulmans et surtout à **Hamza** (RAA)), pour venir se convertir à l'Islam. Après le Prophète (SAW) s'est retourné avec les compagnons à Médine après 19 jours de séjour à la Mecque. Il désigna **Abou Ousayd Al Khouza'i** (RAA) comme chef de la ville de la Mecque.

7. Les troupes pour casser les statues considérées comme Dieu par les mécréants

Après la conquête de la Mecque, le Prophète (SAW) envoya des troupes pour aller détruire les grands fétiches qui étaient adorés par tous les arabes. Il envoya des troupes dirigées respectivement par **Khalid** (RAA), **Amr Ben Al As** (RAA) et **Saad ben Zayd** (RAA) pour aller détruire successivement les statues Al Houzza, Sawa'a et Manat. Ils les détruisirent toutes. L'Islam eu une force. Aucune puissance arabe ne put se mesurer aux musulmans. Les ennemis de toujours les Mecquois sont eux aussi devenus musulmans. Les foules se convertissent à l'islam, tous les jours, les délégations viennent confesser la Chahada, cependant, certaines tribus et villages se rebellèrent contre les musulmans et n'hésitaient pas attaquer les musulmans. Alors, il fallait mettre de l'ordre dans ces tribus.

CHAPITRE 29 : Invasion de Hounayn, Taïf et Tabūk

Le succès de la conquête de la Mecque a entrainé beaucoup de conversions à l'Islam. Les tribus entières se convertissaient à l'Islam, cependant certaines tribus se rebellaient contre les musulmans et tentaient d'attaquer les musulmans.

1.   Invasion   de   Hounayn

Les différents groupes rebelles se coalisaient et prirent pour chef **Malik Ben Aouf.** Il sortit avec beaucoup de combattants contre les musulmans et demanda aux combattants de venir au champ de bataille avec leurs femmes, enfants et tous leurs biens, pour qu'ils combattent jusqu'à mort, car personne ne va fuir dans le champ de bataille et laisser toute sa famille et tous ses biens. Un grand mécréant très expérimenté en guerre **Dourayd Ibn Al Soumma** refusa la proposition, car trop risquée, mais la loi de **Malik** fut adoptée.

Le service de renseignement des musulmans capta l'intention du combat des mécréants et le Prophète (SAW), n'étant même pas encore quitté la Mecque. Il sortit alors avec 12.000 combattants dont 10.000 de ceux qui ont quitté Médine pour la conquête de la Mecque et 2000 des gens convertis de la Mecque suite à la conquête.

Les musulmans étaient très confiants et comptaient sur leur grand nombre au lieu du secours d'Allah exalté, mais les mécréants devancèrent les musulmans dans la vallée de Hounayn. Ainsi quand l'armée musulmane arriva à la vallée avant même de se préparer pour se positionner, ils reçurent des flèches des mécréants à répétions, et la plupart s'enfuit sauf le Prophète (SAW) et quelques Mouhadjirines. Le Prophète (SAW) demanda à son oncle **Abbas** (RAA) qui avait une grosse voix. Alors **Abbas** (RAA) appela les musulmans de la part du Prophète (SAW) qui revinrent tous et le Prophète (SAW) prit une poignée de terre et jeta en direction des mécréants qui reçurent tous de la poussière dans leurs yeux et les musulmans combattirent avec l'aide des anges et remportèrent la victoire en envoyant plus de 70 mécréants en enfer. Le reste de l'armée fuit et laisser leur famille et tous leurs biens. Ainsi, les musulmans remportèrent de nombreux butins dont 6000 prisonniers, 24.000 chameaux, 40.000 moutons et 4000 onces d'argent.

Le Coran a parlé du combat en insistant sur le fait que les musulmans avaient compté sur leur nombre au lieu de Dieu exalté. « Allah vous a déjà secourus en maints endroits. Et [rappelez-vous] le jour de Hounayn, quand vous étiez fiers de votre grand nombre et que cela ne vous a servi à rien. La terre, malgré son étendue vous devint bien étroite ; puis vous avez tourné le dos en fuyards. Puis, Allah fit descendre Sa quiétude [Sa "sakina"] sur Son messager et sur les croyants. Il fit descendre des troupes (Anges) que vous ne voyiez pas, et châtia ceux qui ont mécru. Telle est la rétribution des mécréants. » Coran, Sourate 9, verset 25, 26.

Certains mécréants fuirent pour aller vers Nakhla, d'autres vers Awtass et la grande partie vers Taïf. Un groupe de musulmans les poursuit à Awtass et vainquit les mécréants, un autre groupe à

Nakhla et les vainquit en envoyant un de leur chef très expérimenté en guerre Dourayd Ben Soumma en Enfer. Le Prophète (SAW) et le grand groupe des musulmans poursuivirent les mécréants à Taïf.

2. Invasion de Taïf

Les mécréants ont pris le soin de faire une grande provision et vinrent se cacher à l'intérieur de Taïf dont toutes les portes étaient bouclées. Les musulmans ne pouvaient pas rentrés. Ils firent le siège autour de la ville. Les mécréants à l'intérieur de la ville, lançaient des flèches et des boules de feu qui blessèrent certains musulmans et même tuèrent un petit nombre. Le Prophète (SAW) demanda à tous les mécréants assiégés que tous ceux qui abandonnèrent la rébellion seront libres. Ainsi, un grand nombre d'entre eux sortirent et se convertirent et devinrent libres tandis que beaucoup d'autres restèrent.

Le siège dura et **Nawfal Ben Muawiya Al Dayli** (RAA) dit au Prophète (SAW) compte tenu de la situation des mécréants que les gens cachés dans la ville de Taïf ressemblèrent à un renard dans un terrier. Il lui dit que s'il les attend, il les attrapera un jour, mais que s'il les laisse, ils ne lui feront aucun mal. À ces mots, le Prophète (SAW) demanda aux musulmans de lever le siège et de rentrer. Certains musulmans demandèrent s'ils doivent partir sans les conquérir, mais la décision de partir a réjouit beaucoup de musulmans. Au retour, Allah exalté a ouvert le cœur de beaucoup de mécréants de Taïf qui vinrent se convertir à l'Islam.

3. Invasion de Tabūk

Après cette conquête, le Prophète (SAW) revint à la Mecque faire la Oumra (tour de la Ka'aba) avant de repartir à Médine. Il envoya des troupes aller récupérer la Zakat. L'issue de la bataille de Muta au cours de laquelle 3000 musulmans ont fait face à 200.000 mécréants et la conquête de la Mecque ont entrainé beaucoup de tribus à devenir musulmans y compris même beaucoup de tribus arabes qui étaient alliés aux Romains. Les Romains, qui étaient déjà énervés pour ne pas vaincre les musulmans à Muta, voient encore de plus, leur influence dans le monde diminuer suite à l'expansion de l'Islam. Ils se disaient qu'ils étaient le seul à faire face aux musulmans et qu'il était temps de finir avec l'Islam une bonne fois pour toute. Des tribus de la famille puissante arabe de Ghassan qui habitaient proche de Médine s'allièrent avec les Romains.

Les hypocrites de Médine, qui furent silencieux face au succès des musulmans se réjouirent de cette nouvelle que la famille Ghassan et Rome allaient attaquer les musulmans. Ils commencèrent leurs mauvaises activités. Ils s'allièrent en secret avec la famille Ghassan, puis construisirent une mosquée qui serait leur lieu de rencontre. Pour mélanger les gens, ils demandèrent au Prophète (SAW) de venir prier pour l'inaugurer, mais face à l'urgence, le Prophète (SAW) reporta la prière après la bataille. Les romains sortirent avec 40.000 combattants et certaines tribus arabes s'allièrent à eux. Pour empêcher que les romains attaquent les villages musulmans lointains en venant à Médine, le Prophète (SAW) sorti avec les musulmans pour les attendre à la frontière des villages musulmans sur le chemin. À ce moment, il y avait une grande chaleur, les fruits étaient presque mûrs, les gens aimaient rester dans l'ombre et manger les fruits. De plus, la distance était longue et le chemin était difficile.

Ainsi, les hypocrites cherchaient toutes sortes d'excuse afin de ne pas

participer à la bataille. Pourtant, parmi les croyants, personne ne voulait rater cette guerre, même les nouveaux convertis des tribus arabes et de la Mecque se sont préparés pour la guerre. Compte tenu de la complication, de la difficulté et de la distance de la guerre, il fallait beaucoup de moyens. Ce jour-là, **Ousmane Ben Affane** (RAA) donna en aumône pour la guerre une grande fortune comprenant 900 chameaux, 100 chevaux, des tapis, plus de 1000 dinars, plus de 200 onces d'argent. Le Prophète (SAW), satisfait de Ousmane (RAA) dit à ce jour que quoi que fasse **Ousmane Ben Affane** (RAA), il sera pardonné. **Abdourahmane Ben Aouf** (RAA), **Abbas** (RAA), **Talha** (RAA), **Saad Ben Oubayda** (RAA) apportèrent beaucoup de biens. **Oumar** (RAA), lui de sa part, apporta la moitié de tout son bien. Quant à **Abou Bakr** (RAA) sans hésiter, emmena tout son bien et quand on lui demande ce qu'il a laissé à sa famille, il dit qu'il a laissé Allah et son Messager. Tout le monde apporta quelques choses y compris les femmes même les pauvres suivant leurs moyens. Les hypocrites, quant à eux, se moquèrent de l'aumône des pauvres.

Le Prophète (SAW) sortit avec 30.000 combattants. Il demanda à Ali (RAA) de rester à Médine pour veiller sur la famille. Les hypocrites partent voir **Ali** (RAA) et lui mentirent et **Ali** (RAA) part voir le Prophète (SAW) avec un grand désir de participer au combat, mais le Prophète (SAW) lui demanda s'il ne veut pas avoir le même statut avec lui comme celui qu'il y avait entre le Prophète **Haroun**, Paix sur lui, et son frère le Messager d'Allah **Moussa** (Moïse, Paix sur lui). Ainsi, **Ali** (RAA) accepta rester à Médine.

L'armée musulmane et le Prophète (SAW) entreprirent un long voyage. À cause du nombre élevé de combattants, malgré tous les sacrifices de dons faits par les compagnons, les provisions s'épuisèrent, ils étaient obligés souvent même de manger les feuilles des arbres. Il tuait souvent les chameaux pour boire l'eau de son estomac et manger sa viande malgré qu'ils n'en aient pas assez pour le transport car environ 18 personnes fussent sur un seul chameau. Le voyage fut très difficile, mais les musulmans furent   persévérants.

Les musulmans arrivèrent à Tabūk et sont prêts à combattre les ennemis qui voulaient les massacrer. L'armée romaine et alliés arabes aussi se rapprochèrent. Mais quand ils virent l'armée musulmane, ils furent saisi de peur et s'enfuirent avant même le début du combat. Les musulmans remportèrent une autre victoire sans combat. Les tribus arabes alliés au romain brisèrent leur alliance et se convertirent tous à l'Islam. Cette invasion sans combat a une fois de plus renforcé l'Islam.

De retour à Médine, les hypocrites vinrent en masse auprès du Prophète (SAW) pour donner des fausses excuses de leur absence à l'expédition. En un premier temps, le Prophète (SAW) leur pardonna. Il y avait 3 hommes honnêtes qui par paresse et négligence n'étaient pas parties à Tabūk alors qu'ils avaient les moyens. Quand ils sont venus envers le Prophète (SAW), ils ont été sincères en disant que c'était seulement par paresse et négligence. Ces 3 hommes ont été sanctionnés, ils ne devaient se rapprocher de personne même de leurs femmes et familles durant un bon bout de temps. Mais après, un verset coranique est descendu pour les innocenter et dire qu'Allah exalté leur a pardonné et mettre fin à leur délaissement. Cependant, Allah exalté n'a pas pardonné aux hypocrites. Ces hypocrites, non seulement leur plan a été dévoilé, mais aussi beaucoup d'entre eux même furent dévoilés. Le Prophète (SAW) détruisit leur mosquée qu'ils avaient construite.

CHAPITRE 30 : Le décès du Prophète (SAW)

À la même année de cette expédition avec les romains, le Prophète (SAW) envoya **Abou Bakr** (RAA) pour aller diriger le pèlerinage. Après son départ, les versets coraniques sont descendus pour interdire tous les rites animistes contraires à l'Islam au pèlerinage. Le Prophète (SAW) envoya **Ali** (RAA) pour accomplir la mission de rejeter tous les rites non islamiques au pèlerinage. Quand **Ali** (RAA) arriva, **Abou Bakr** (RAA) lui demanda s'il a été envoyé pour diriger le pèlerinage à sa place ou juste pour une mission. Il dit que c'est pour une mission, alors **Ali** (RAA) accomplit la mission et **Abou Bakr** (RAA) présida le pèlerinage. **Abou Bakr** (RAA) dit aux gens que dorénavant, aucun mécréant n'est autorisé à faire le pèlerinage et aucune personne ne pourrait faire le tour de la Ka'aba étant nu. L'année suivante à la 10è année après l'hégire, le Prophète (SAW) lui-même présida le pèlerinage. Dans ce pèlerinage, il a donné plein de leçons, de conseils comme si c'est quelqu'un qui sait qu'il mourra bientôt.

Depuis après la conquête de la Mecque et la victoire sans combat à Tabūk, presque chaque jour, des délégations et des tribus viennent se convertir à l'Islam. Des anciens ennemis, des alliés, des tribus de loin viennent se convertir à l'Islam. Les alliés arabes et même non arabes des Romains se convertirent à l'Islam. Ainsi, les Romains commencèrent à attaquer et à assassiner les nouveaux convertis. Alors qu'attaquer une tribu musulmane, c'était comme si c'est tout l'Islam qui est attaqué. Le Prophète (SAW) envoya une troupe contre les Romains avec comme chef **Oussama Ben Zayd** (RAA) le fils du fils adoptif du Prophète (SAW) alors qu'il était encore très jeune (18 ans ou moins). Certains envièrent la place du jeune compagnon **Oussama** (RAA) en disant que comment un jeune va commander une grande armée. Mais le Prophète (SAW) a montré qu'il était digne d'être chef malgré son jeune âge.

Pendant les mois de Ramadan, l'Ange **Djibril** (Gabriel, Paix sur lui) venait réviser tout le Coran avec le Prophète (SAW) une fois, mais pendant le Ramadan de la 10è année de l'hégire, il est venu réviser tout le Coran avec le Prophète (SAW) deux fois. Le Prophète (SAW) faisait la retraite spirituelle durant les 10 derniers jours de Ramadan, mais à cette année, il l'a fait durant les 20 derniers jours de Ramadan.

Un jour, pendant que **Fatima** (RAA), la fille du Prophète (SAW) et femme de **Ali** (RAA) était avec **Aïcha** (RAA) et d'autres femmes, le Prophète (SAW) l'a appelé et lui dit quelque chose, elle a commencé à pleurer, après il lui a dit quelque chose, elle a commencé à rire. Les autres femmes y compris l'épouse du Prophète (SAW) lui ont demandé, elle a refusé de leur dire et c'est après le décès du Prophète (SAW) qu'elle a expliqué que le Prophète (SAW) lui avait dit que la mort était très proche de lui, elle a pleuré, mais il lui a dit qu'elle sera la reine des femmes au Paradis, elle a ri.

Un jour, quelqu'un vint devant la porte du Prophète (SAW). **Fatima** (RAA) le vit et vint voir son père le Prophète (SAW) qu'il y'a un étranger devant sa porte. Le Prophète (SAW) lui expliqua que c'est le monsieur quand il rentre dans une maison, avant qu'il sort, il laisse soit des orphelins, soit des veuves, soit des parents inconsolés, … bref il s'agit de l'Ange de la mort. L'Ange de la mort rentra donc et demander au Prophète (SAW) la permission de lui retirer son âme dans peu de temps. Mais, il lui dit que s'il veut il peut encore attendre jusqu'à 1000 ans et le Prophète (SAW) lui demanda et après les 1000 ans ? Il a répondu que tout âme doit gouter à la mort et donc le Prophète (SAW) l'accepta de faire au moment prévu, mais, il exigea d'abord de voir l'Ange **Djibril**,

Paix sur lui, qui a été toujours à son côté. Avant même de finir de converser, l'Ange Djibril, Paix sur lui, arriva et le salua. C'était le début de sa maladie de son décès. Un jour alors qu'il venait de rendre visite du cimetière où il saluait les morts musulmans et priait sur eux, le Prophète (SAW) eut de la migraine. Très rapidement, sa maladie s'aggrava. Il savait que son jour était très proche. Il demanda à tous les musulmans qui pensaient avoir subi du mal ou de l'injustice venant de lui de venir lui demander réclamation. Il s'asseyait pour prier, mais cela devint encore plus difficile alors, il ordonna à **Abou Bakr** (RAA) de diriger la prière. Il regroupait de temps en temps les compagnons pour leur faire des conseils. Le fils de son fils adoptif **Oussama Ben Zayd** (RAA) laissa l'armée pour venir auprès du Prophète (SAW) dans ses derniers jours. **Fatima** (RAA), la fille du prophète (SAW) dit à son père qu'il souffre, mais celui-ci lui dit que son père ne souffrira plus jamais. Le Messager d'Allah (SAW) était dans la chambre de **Aïcha** (RAA) sur les bras de sa femme (dans d'autres versions, c'était plutôt sur les bras de **Ali** (RAA)) que le Saint Prophète (SAW) recevra l'Ange de la mort cette fois-ci pour sa mission. Il avait tant donné dans sa vie sans repos, il était temps maintenant qu'il se repose pour laisser les autres continuer avec sa noble mission. Prions sur lui. **Muhammad**, Paix, bénédictions et salue de Dieu sur lui.

En si peu de temps, soit 23 ans de prophéties dont 13 ans dans les tortures à la Mecque et 10 ans en train de défendre l'Islam à la

Mecque, le Prophète (SAW) a pu changer systématiquement la société arabe du paganisme au chemin droit. Les gens savaient que ce qu'il a réalisé était quasi impossible pour un homme normal. Effectivement, il avait l'aide d'Allah exalté. Cependant, certains même lui ont pris comme immortel. **Oumar** (RAA) a pris une épée et menaça tous ceux qui oseraient dire que le Prophète (SAW) était décédé, selon lui, il reviendra bientôt. Beaucoup de gens étaient peinés de sa disparition, car suite à ses réalisations en peu de temps, d'autres même l'avaient pris pour Dieu exalté. Les nouveaux convertis eurent peur de leur vie et se demandaient comment seront ils maintenant face aux ennemis en absence du Prophète (SAW) en oubliant que c'est Dieu exalté qui protège. Face à tous ces agissements, il fallait mettre de l'ordre et éviter tout débordement comme furent certaines communautés qui avaient pris leurs Prophètes et hommes saints comme Dieu. C'est ainsi que **Abou Bakr** (RAA) se leva et dit : « Ceux qui adoraient Muhammad (SAW), sachez qu'il est mort, mais ceux qui adorent Allah exalté, sachez que Dieu exalté ne meure jamais. » Cela donna beaucoup d'espoirs aux nouveaux musulmans, mais **Oumar** (RAA) commença à trembler en sachant que réellement le Prophète (SAW) ne vit plus dans ce monde. Pour son lavage, ce fut principalement sa famille très proche qui s'en occupa. Ils le lavèrent sans le déshabiller. **Abbas** (RAA), l'oncle du Prophète (SAW) et 2 de ses fils, **Fadel** et **Kotham** (RAA) tournaient le corps du Messager d'Allah (SAW). **Oussama** et **Chokran** (RAA) qui sont des fils de Zayd (RAA), le fils adoptif du prophète (SAW) versaient de l'eau. **Aws Ben Khawli** (RAA) tenait sa poitrine tandis que **Ali** (RAA) le lavait. Ils l'enveloppèrent dans trois linceuls blancs de coton et l'enterrèrent dans la chambre de **Aïcha** (RAA), exactement là où il a quitté définitivement ce bas monde. Ainsi, le Meilleur de l'Humanité rejoint la vie de l'au-delà pour se reposer après sa mission bien accomplie. Et cela prit fin avec l'Histoire du Meilleur de l'Humanité. Qu'Allah exalté me pardonne pour les erreurs commises en relatant cette belle histoire du prophète **Muhammad** (SAW)

FIN

© Dosso Megnan 2019

Printed in Poland
by Amazon Fulfillment
Poland Sp. z o.o., Wrocław

53710589R00070